LETTRES A UNE MÈRE

SUR

L'ALIMENTATION ET L'HYGIÈNE

DU

NOUVEAU-NÉ

PAR

LE DOCTEUR ACHILLE DEHOUS

LAURÉAT ET MEMBRE CORRESPONDANT DES SOCIÉTÉS MÉDICALES
DE BRUGES ET D'AMIENS
MEMBRE CORRESPONDANT DE LA SOCIÉTÉ DE MÉDECINE DE LILLE

Ouvrage qui a remporté le prix (médaille d'or) au concours
ouvert par la Société médicale d'Amiens,

SUR LA QUESTION SUIVANTE :

De l'Alimentation des Nouveaux-Nés. — Tracer les règles
d'une bonne alimentation artificielle.

VALENCIENNES

LEMAITRE, LIBRAIRE-ÉDITEUR.

PARIS

L. LECLERC, LIBRAIRE, RUE DE L'ÉCOLE DE MÉDECINE 44.

1861

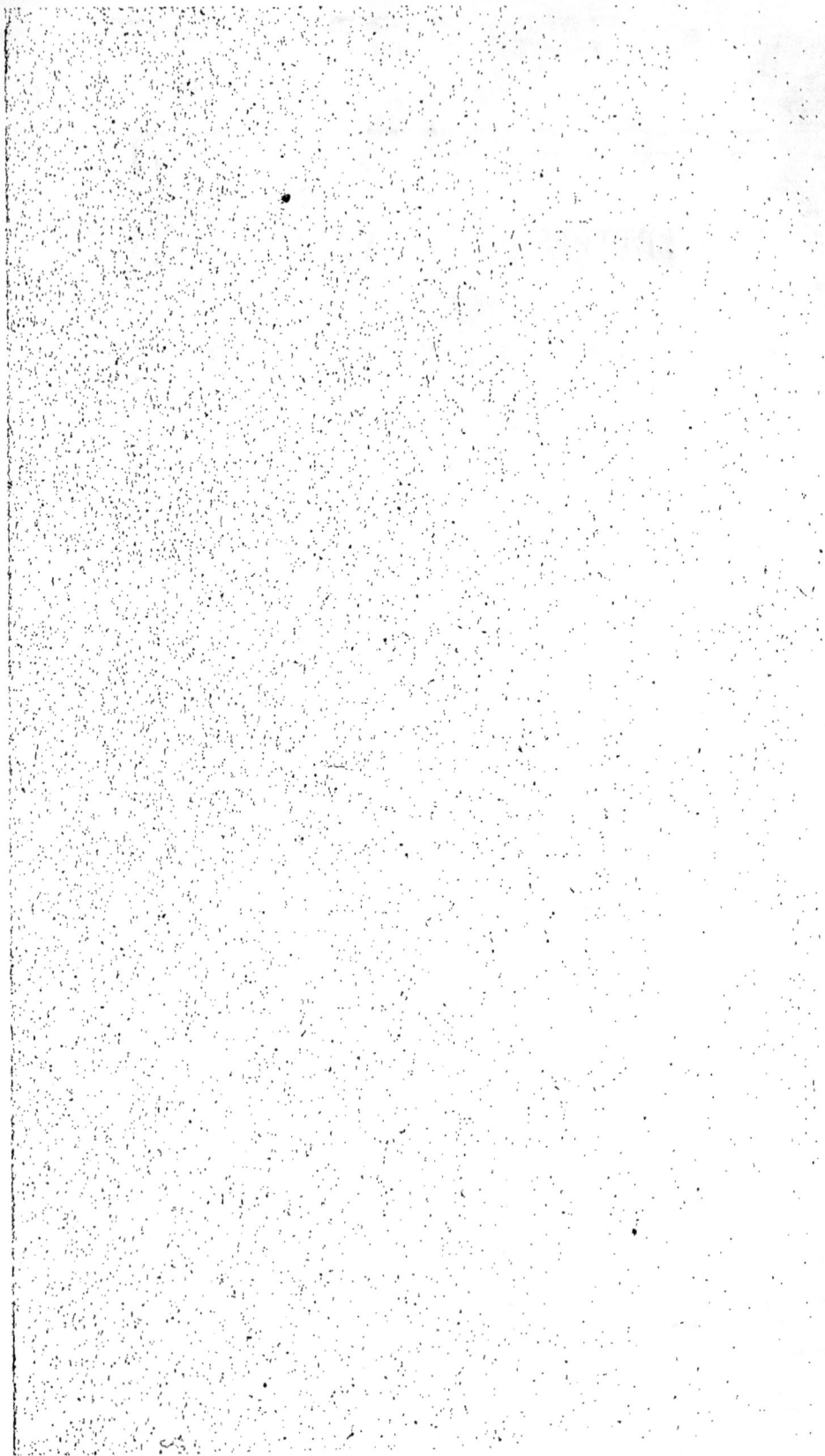

LETTRES A UNE MÈRE

SUR

L'ALIMENTATION ET L'HYGIÈNE

DU

NOUVEAU-NÉ

IMPRIMERIE DE B. HENRY A VALENCIENNES.

LETTRES A UNE MÈRE

SUR

L'ALIMENTATION ET L'HYGIÈNE

DU

NOUVEAU-NÉ

PAR

LE DOCTEUR ACHILLE DEHOUS

LAURÉAT ET MEMBRE CORRESPONDANT DES SOCIÉTÉS MÉDICALES
DE BRUGES ET D'AMIENS
MEMBRE CORRESPONDANT DE LA SOCIÉTÉ DE MÉDECINE DE LILLE

Ouvrage qui a remporté le prix (médaille d'or) au concours
ouvert par la Société médicale d'Amiens,

SUR LA QUESTION SUIVANTE :

**De l'Alimentation des Nouveaux-Nés. — Tracer les règles
d'une bonne alimentation artificielle.**

VALENCIENNES
LEMAITRE, LIBRAIRE-ÉDITEUR.
PARIS
L. LECLERC, LIBRAIRE, RUE DE L'ÉCOLE DE MÉDECINE, 14.

1861

Puisse un jour, chaque mère, au berceau de son fils,
Pensive, quelquefois parcourir mes écrits ;
Et, reposant ses yeux sur l'enfant qu'elle adore,
Suspendre sa lecture et la reprendre encore.

(MILLEVOYE. — *Amour maternel.*)

« Légère, elle devient sérieuse et attentive ; vive,
» elle devient patiente et douce ; timide et craintive,
» elle est prête à braver les fatigues et les dangers.
» L'amour maternel a changé tout son être et l'a
» élevée à la hauteur de ses devoirs. »

(RICHARD (de Nancy), p. 66.)

AUX JEUNES MÈRES

Je vous dédie ces Causeries que la Société médicale d'Amiens a bien voulu couronner.

Si vous n'avez point trouvé dans votre corbeille de mariage quelque guide du même genre qui pût vous éclairer sur les doux et vrais devoirs de la Maternité, daignez accueillir celui-ci avec bienveillance.

Soumettez les préceptes qu'il renferme au jugement de votre cœur. C'est un conseiller qui ne trompe jamais, et j'accepte à l'avance sa réponse.

Enfin, chères Lectrices, comme preuve de votre gratitude, aidez-nous dans cette croisade contre les préjugés de la routine, en cherchant constamment par vos bons avis à déraciner l'erreur et à propager la vérité.

L'auteur ne peut ambitionner de récompense plus flatteuse.

———

« La population des États, a dit un économiste, ne
» dépend ni du nombre des mariages, ni de la fécondité
» des femmes, ni en général de la quantité des naissan-
» ces, mais bien des moyens de conserver et de protéger
» la vie des enfants. »

(DÉCLAT, p. 107.)

« Faire un livre véritablement utile, un de ces livres
» qui rendent service et font le bien, telle est l'unique
» intention qui a guidé ma plume et ma pensée. »

(Dr RÉVEILLÉ-PARISE.)

« Mon but est uniquement d'exhumer des ouvrages
» spéciaux, des classiques trop exclusivement scienti-
» fiques, les vérités pratiques, les véritables règles de
» conduite qui restent ainsi ignorées des personnes à la
» connaissance desquelles elles semblent essentielle-
» ment destinées : je veux dire aux mères de famille et
» aux nourrices qui en ont le plus grand besoin. »

(Dr CARON. — *Code des Mères*, p. 1.)

« Cecy est un livre de bonne foy, lecteur. »

(MONTAIGNE.)

« Les longs ouvrages me font peur. »

(LA FONTAINE.)

INTRODUCTION

Un ami dont la femme va bientôt accoucher m'écrivait, il y a quelque temps, pour me prier de lui fournir certains renseignements sur l'alimentation du nouveau-né.

Afin de répondre d'une manière plus complète et plus fructueuse au désir qn'il manifestait, je lui promis d'adresser à sa jeune compagne une série de lettres sur ses prochaines fonctions de mère et de nourrice.

Au moment où je termine ce petit cours de maternité, j'apprends par la voie des journaux de médecine que cette question a été choisie comme sujet de prix par la Société médicale d'Amiens.

Dans l'espoir de doter ma correspondance d'un cachet d'autorité que mon nom seul serait impuissant à lui donner, je viens la soumettre au contrôle de cette savante Compagnie, en sollicitant l'honneur de son approbation.

Quelques-unes des dernières lettres paraîtront peut-être s'écarter des termes mêmes du concours : je n'ai cependant pas cru devoir les supprimer. J'ai pensé que la Société médicale d'Amiens demandait plutôt un Manuel spécialement destiné aux mères qu'un Mémoire sur un point de science où quelques rares inconnues se présentent encore à peine à ceux qui voudraient y glaner.

Dès lors, cette interprétation et le motif qui m'avait fait écrire ces lignes, concordaient parfaitement entre eux, et tout ce qui a trait à l'hygiène des nouveaux-nés conservait par conquent ici sa place bien marquée.

La décision de mes juges me dira si j'ai bien saisi leur intention et su mériter leurs suffrages.

Une double occasion m'est offerte par ces circonstances : d'un côté j'ai obligé un ancien camarade, de l'autre j'aurai peut-être fait quelque chose d'utile pour les jeunes mères.

Mon cœur et mon devoir ont répondu à cet appel.

Voici comment j'ai compris la mission que j'avais acceptée. Je me suis proposé de tracer pour cette jeune dame un guide, élémentaire il est vrai, mais complet quant aux détails qui sont de la compétence des parents.

Aussi, dans la crainte de commettre quelque oubli, n'ai-je point voulu m'en rapporter uniquement à mes souvenirs, à mon expérience personnelle. J'ai été butiner dans les différents ouvrages qui ont traité de l'allaitement, afin d'y recueillir les sages préceptes d'une bonne et saine pratique.

Cet ensemble de connaissances si nécessaires fut ensuite transmis à ma correspondante qui profita ainsi tout à la fois et de mon savoir et de la science des autres.

« Un auteur qui écrit avec conviction, dit » M. Donné, ne se contente pas d'être lu, il » veut convaincre ; il veut réformer les idées » fausses, détruire les préjugés et faire péné- » trer la vérité dans les esprits capables de la » comprendre, pour que de là elle se répande » et se popularise. »

Mon travail a cédé aux mêmes inspirations.

La forme épistolaire, qu'on m'imposait à la rigueur ici, m'a été pour cela d'un grand secours, en me permettant le langage direct tout à la fois plus simple, plus familier et plus persuasif.

Elle expliquera le laisser-aller de la plume et fera pardonner à cette dernière les négligences et les répétitions dont elle aura pu se rendre coupable.

Il était un écueil qu'il fallait surtout éviter. Dans les nombreuses recherches que j'ai faites sur ce sujet, j'ai souvent remarqué que les auteurs, bien inutilement à mon avis, se montrent trop savants, et exploitent beaucoup trop aussi le domaine de la Médecine.

En général ces écrits ne sont point destinés aux médecins qui convaincus, pour la plupart, de l'importance de l'allaitement, sont gagnés depuis longtemps à notre cause. C'est au contraire la famille, la société qu'il faut éclairer de nos conseils et de nos avertissements. Tous nos efforts doivent être dirigés dans ce sens.

Pourquoi donc nous servir alors, en lui parlant, de mots techniques qui seront, pour elle, langue morte et inintelligible? Aussi ai-je pris soin d'éliminer tout ce qui était du ressort de la science proprement dite.

Je m'adressais à une mère, je voulais en être compris.

Par ce moyen, la lecture de mes lettres sera rendue, je l'espère du moins, plus facile, plus agréable et peut-être leur aurai-je obtenu ainsi une place dans la bibliothèque de la future mère de famille.

Cependant, sans me laisser entraîner à beaucoup d'érudition, je n'ai pas jugé à propos de rester constamment seul en scène. D'abord il n'était que trop juste d'inscrire dans ces quelques lignes, les noms de ceux dont les ouvrages et les publications m'avaient aidé dans l'accomplissement de cette œuvre. C'est ce que j'ai fait.

En tête de chacune de mes lettres, j'ai cité plusieurs phrases empruntées à différents auteurs et relatives au sujet même que j'allais y traiter.

Je n'ai pas craint de multiplier ces citations et de les faire même, dans certains cas, assez

longues. On pourra les regarder, en effet,
comme un véritable dossier de pièces justifica-
tives corroborant les indications que je présen-
tais ce jour-là.

Et puis l'intervention d'autrui trop souvent
répétée dans nos causeries, eût amené quelque
confusion. J'ai préféré réunir à la première
page, comme le canevas du programme que
j'avais résolu d'aborder, une suite de pensées
qui ne m'appartenaient pas, mais dont j'annon-
çais par là assumer la responsabilité.

Je traçais ainsi au frontispice de ma correspondance, le mot de ralliement auquel je ré-
pondais.

« De cette façon, dit M. le Dr Foucart, plus
» de doute possible : le drapeau est planté,
» l'idée dominante de l'œuvre surgit au seuil
» et le lecteur, bien et dûment averti, peut selon
» ses convictions, ou s'arrêter devant une pro-
» fession de foi qui n'est pas la sienne, ou
» suivre l'écrivain dans les développements
» d'une opinion qu'il partage ou vers laquelle
» l'entraînent ses sympathies. » — *(Gaz. des
Hôpitaux,* 1860, 7 janvier.)

J'ai été plus avare de l'hospitalité à accorder

dans le corps même de ces lettres. Cependant je n'y ai point manqué, toutes les fois qu'une parole ferme et éclairée expliquait franchement une des phases de l'allaitement.

Enfin l'Index bibliographique compléta la liste des emprunts, en indiquant toutes les sources où j'avais été puiser.

C'était là un premier motif que chacun saura apprécier. J'en avais encore un autre pour agir ainsi.

J'ai voulu demander à ces hommes si justement considérés, l'appui de leur talent, de leur mérite, et, pour ne pas être soupçonné de traduire mal leurs idées, je les ai laissés parler eux-mêmes.

Mon but était de prouver que ce travail n'est point l'expression d'une pure fantaisie, le produit d'une élucubration plus ou moins hasardée, mais bien l'exposition sincère, véritable, des principes préconisés par les médecins les plus expérimentés.

Qu'il me suffise de dire ici que Baudelocque, Capuron, P. Dubois, Cazeaux, Donné, Béclard, Jacquemier, Michel Lévy, etc., ont été souvent mes conseillers.

Se retrancher derrière de pareils noms, c'est se faire l'écho d'opinions trop imposantes pour ne point espérer un grand nombre de prosélytes.

J'ai même été assez heureux pour rencontrer, en dehors du monde médical, des défenseurs plaidant chaudement en faveur des règles à observer dans l'alimentation du nouveau-né. Ils ont été accueillis avec d'autant plus de plaisir que quelques-uns d'entre eux comptaient dans la classe des mères, et avaient le droit d'invoquer cette qualité pour faire accepter par leur lectrice, leur exemple et leurs leçons.

Telle est la marche que j'ai suivie.

Mon vœu le plus cher serait d'arriver par elle aux résultats suivants :

1° Chasser de la pratique ces notions fausses, ces moyens nuisibles parfois, absurdes toujours, nés de l'habitude, de la routine ignorante ou irréfléchie, et que le progrès doit laisser désormais dans l'ombre et l'oubli, à titre de véritables hérésies ;

2° Eclairer les familles en leur donnant le fruit de l'observation, de l'expérience, et leur montrer tous les dangers auxquels, de gaîté de cœur, elles exposent de faibles créatures quand elles obéissent aveuglément à de sots préjugés ;

3° Faire adopter enfin, dans l'alimentation du nouveau-né, la méthode la plus simple, le système le plus vrai : la loi de la nature qui doit toujours nous servir de modèle.

« La jeune femme, la mère de famille trouve-t-elle
» quelque part les notions élémentaires d'hygiène sus-
» ceptibles de la guider dans la mission qu'elle se fait
» un devoir et tout à la fois une joie de remplir ? »

« Existe-t-il un traité pratique assez simple et concis
» sur les soins à donner aux enfants pendant les pre-
» miers mois de la vie ? »

(*Société de Médecine pratique.* — Dᴿ Cᴀʀᴏɴ.
Gaz. des Hôp. 1858, p. 566.)

« La négligence que l'on apporte dans l'éducation ac-
« tuelle des jeunes personnes à l'égard de leurs devoirs
» futurs, nous rend également compte de l'espèce d'anar-
« chie, d'ahurissement, qu'on me passe l'expression, que
» l'on voit régner dans la plupart des jeunes ménages,
» dès qu'il arrive un enfant. »

(Dᴏɴɴᴇ́, p. 30.)

« Là, d'obscurs routiniers, parlant sans cesse de leur
» propre expérience, non-seulement étrangers aux pro-
» grès des lumières, mais les repoussant même sans
» examen, malgré les révolutions survenues autour d'eux,
» tournent toujours sur le même pivot. »

(Dᴿ Lᴇ́ɢᴇʀ, p. 7.)

PREMIÈRE LETTRE

Jalons de la Correspondance.

SOMMAIRE. — Division du sujet. — Marche à suivre. — On ne négligera aucun détail, fût-il minutieux, s'il a une utilité pratique. — L'alimentation a, dans l'hygiène en général, des adjuvants dont il faut nécessairement tenir compte. — La pratique sera le seul guide. — Rien ne concernera spécialement notre correspondante. — Tout devra être accepté à titre de généralité. — Avant toute considération, il faut veiller sur la mère et sur l'enfant. — La mère ne peut que savoir gré de cette vigilance. — Importance de cette question justifiée par un assez grand nombre de travaux récents. — Accord général des Médecins sur ce point. — Quelques rares exceptions à signaler.

MADAME,

Votre mari vient de m'annoncer une nouvelle qui doit vous rendre bien heureuse. Dans quelques mois vous serez mère.

Charles n'a point oublié notre vieille amitié, et il me prie de diriger votre inexpérience dans cet apprentissage de la maternité que vous allez bientôt faire.

1

Je le remercie, Madame, de ce bon souvenir et de cette démarche. Homme d'un sens droit et juste, il ne veut pas qu'à l'exemple de beaucoup d'autres, vous vous avanciez en tâtonnant au milieu des ténèbres, sans jamais savoir si la voie que vous suivrez est bien celle qui vous conduira à l'objet de tous vos vœux : la santé de votre enfant.

Je ne saurais donc trop le féliciter d'avoir songé à votre éducation de nourrice, et très-honoré du mandat qu'il me confie, je m'empresse de mettre à votre service tout ce que mes études et mon expérience personnelle ont pu me faire acquérir sur l'*alimentation du nouveau-né*.

Il me serait impossible de répondre dans une seule lettre aux nombreuses questions qui me sont posées.

Un pareil laconisme ne serait point en rapport avec l'importance du sujet. J'ai préféré traiter séparément chacun des points et je compte avoir terminé le travail que cet examen nécessitera avant la fin de votre grossesse.

Permettez-moi donc, Madame, je vous prie, de vous adresser un certain nombre de missives où je relaterai successivement les détails sur lesquels vous tenez, avec tant de raison, à être renseignée et éclairée.

Ne fût-ce que pour leur but, je suis persuadé qu'elles seront lues avec toute la religion dont le cœur d'une future mère est capable, et aussi avec le désir fervent de mettre en pratique les principes qui y seront exposés.

Charles se fera un plaisir de vous relire et de commenter avec vous les passages principaux. Ce sera là un très-bon moyen de les posséder complètement et d'en rendre l'application plus facile.

L'amour maternel et l'amitié sont les deux motifs qui ont amené cette correspondance. Ma plume ne pouvait donc marcher sous de meilleurs auspices.

Sans assigner à mes lettres des divisions exactes, car je ne connais pas à l'avance l'extension que je donnerai à chacune d'elles, je crois cependant pouvoir adopter les jalons suivants :

1° Importance de l'allaitement ;

2° Du lait ;

3° De l'allaitement maternel envisagé pendant la grossesse (hygiène de la femme enceinte), et après l'accouchement ;

4° De l'allaitement par une nourrice *sédentaire, interne* ou *sur lieu* ;

5° De l'allaitement par une nourrice *externe, à la campagne* ;

6° De l'allaitement par un animal (chèvre). — De l'allaitement artificiel (biberon, petit pot, etc.) ;

7° Du sevrage ;

8° Des vêtements, du berceau et de l'hygiène du nouveau-né ;

9° Coup d'œil général sur les petits accidents qui peuvent altérer la santé du nouveau-né ;

10° Aperçu sur l'hygiène de la première enfance.

D'après cet exposé, vous voyez, Madame, que je ne ferai point partir la question de l'allaitement du jour même de l'accouchement. Déjà, au contraire, j'y songerai pendant la grossesse, afin de ne pas être pris plus tard à l'improviste.

Ensuite je surveillerai l'enfant dès sa naissance et le suivrai jour par jour, heure par heure, dans toutes les péripéties que sa frêle existence pourra nous offrir pendant cette quasi-préface de la vie.

Tout est dans tout, a-t-on dit ; aussi ne négligerai-je point les détails les plus puérils si je puis leur trouver quelque caractère d'utilité. En un mot, Madame, je guiderai pas à pas votre sollicitude maternelle et je ferai tous mes efforts pour que cette dernière trouve, dans mes lettres, réponse ou explication pour tous les incidents qui viendraient à surgir en ce qui concerne l'*alimentation du nouveau-né*.

Or, celle-ci constitue une question très-complexe autour de laquelle viennent se placer, comme satellites, des corollaires d'une importance incontestable.

En effet, parler de l'alimentation de l'enfant, sans m'occuper des conditions d'hygiène dans lesquelles il doit se trouver, quant à la propreté, à l'exposition, à l'air, etc., ce serait ne tenir aucun compte de l'influence de ces excitants naturels sur l'accomplissement des fonctions digestives. Ce serait morceler un sujet dont la physiologie et l'hygiène nous prescrivent de respecter l'ensemble.

Je me garderai donc de commettre cette faute, et je vous parlerai assez longuement même, de la toilette et des promenades de votre nourrisson.

Dans ce qui va suivre, je ne me laisserai aller à aucune idée de système, de parti pris ; je n'aurai pour guide que l'enseignement de l'expérience et de la pratique. Bien décidé à ne faire aucune espèce de concession quand il s'agira de choses utiles, indispensables , je montrerai cependant moins d'exigence et serai au contraire d'un commerce très - facile quand les faits en litige ne seront que d'un intérêt secondaire. Ma devise sera toujours le salut de la mère et celui de l'enfant. Notre devoir en effet est de viser constamment à cet heureux résultat, en ne demandant à l'organisme de l'un et de l'autre que ce qu'il est capable de donner.

Ainsi, ne vous attendez pas, Madame, à trouver dans ces lettres le rigorisme philosophique de J.-J. Rousseau. Vous n'y trouverez pas non plus son talent.

Sans aucun doute, les règles générales sont

bonnes à établir, mais leur application se trouve souvent en présence de cas exceptionnels qu'il ne nous est pas permis de négliger et pour lesquels il faut chercher une solution satisfaisante.

C'est ce que je m'efforcerai de faire toutes les fois que l'occasion se présentera.

Les citations que j'ai mises sous forme d'épigraphes, vous donneront la matière de la correspondance du jour, et pour vous permettre de résumer chaque lettre après l'avoir lue, j'y joindrai un court sommaire qui, dans peu de lignes, en reproduira la substance.

J'appellerai votre attention, Madame, sur quelques remarques sérieuses dont vous reconnaîtrez la justesse.

Charles me dit que vous avez une bonne constitution et que vous jouissez habituellement d'une excellente santé.

Mais comme je n'ai pas l'honneur de vous connaître, je suis obligé de tout prévoir et je dois vous avertir que je resterai toujours dans le domaine des généralités.

Rien ne vous concernera donc personnellement.

Il en sera du moral comme du physique.

Certaines faiblesses seront signalées dans ce cadre ; quelque rares qu'elles soient, on les rencontre cependant. Je n'ai donc pu les passer sous silence, mais je les exposerai avec franchise et vérité.

Avant toute autre considération, je veux être utile.

La crainte de désobliger une mère doit céder le pas à la volonté bien arrêtée de veiller sur elle et sur son enfant.

Et d'ailleurs, pourriez-vous jamais, Madame, me faire un crime de cette sollicitude et vous offenser de mon langage qui vient répondre sans vernis, sans fard, mais avec conviction et sincérité, aux questions que vous avez bien voulu me poser ?... Non, évidemment.

Mère avant d'être femme, ne verrez-vous pas que mon véritable but n'est pas de capter faussement votre bienveillance par une adhésion complaisante et coupable, mais bien de conserver à vos caresses cet enfant né d'hier et qui occupe déjà tout votre cœur ?...

Loin de me garder rancune, ne penserez-vous point au contraire que la reconnaissance est seule digne et capable d'accueillir l'accomplissement de ce devoir et de récompenser un pareil service ?... Je vois naître sur vos lèvres quelques paroles pleines de douceur et de bonté qui viennent témoigner de vos remerciements... Je ne m'étais point trompé.

Quoiqu'il en soit, ayez l'obligeance de ne pas vous appliquer la moindre de mes réflexions, car, je le répète, je ne fais l'histoire d'aucune individualité.

Ce que je viens de dire plus haut relativement à la santé de la mère, s'adresse aussi à l'enfant qui peut arriver au monde, faible ou robuste, particularité que nous ignorons à l'avance. Il n'appartient qu'à votre accoucheur, Madame, de juger ce qui vous conviendra à tous les deux. Mon rôle de consultant éloigné se réduit à confirmer les sages conseils que ce praticien ne manquera pas de vous donner.

S'il est des cas en médecine où les opinions soient loin de s'accorder, cela n'arrive pas pour le sujet actuel. Nous sommes tous ici du même avis.

Vous pourrez jeter un coup d'œil, Madame, sur l'Index bibliographique qui accompagnera ces lettres et vous acquerrez la certitude que l'immense majorité des médecins est pénétrée de l'utilité des réformes à apporter et s'efforce d'imprimer à l'alimentation du nouveau-né une meilleure direction.

En effet, sur ce petit coin du terrain de la science médicale, nous ne comptons pas moins de *cinq publications nouvelles de 1855 à 1859* (BERGERET, LE BARILLIER, GUIET, DÉCLAT et CARON), en négligeant même les travaux de la presse périodique. Le mal est donc général, puisqu'on l'attaque ainsi tout à la fois, à Arbois, à Bordeaux, au Mans et à Paris.

Quelques retardataires persistent néanmoins à

rester dans l'ornière où ils se sont engagés. Ils font parade d'un nombre très-respectable d'années de pratique et, s'en rapportant à leur seule expérience, ils continuent à suivre comme le dernier mot de nos connaissances, les errements que nous devrons combattre. Ils eussent été bien mieux inspirés et eussent au moins donné des preuves de jugement et de bonne observation si, depuis longtemps déjà, ils avaient fait table rase de ces absurdités qui encombrent le berceau du nouveau-né.

Mais ne prêchons point dans le désert et tâchons au contraire, en prévoyant toutes les circonstances particulières qui peuvent se présenter, de répondre aux mille et une questions que les clientes ont l'habitude de faire à leur accoucheur.

Daignez agréer,

Madame,

l'hommage de mon respectueux dévouement.

« Élevez vos jeunes filles dans l'observation de ces
» bonnes et saines pratiques et bientôt toutes ou presque
» toutes s'y résigneront ; elles y trouveront une satis-
» faction bien légitime, une véritable récompense dans
» la santé de leurs enfants.

» .... De cette alimentation dépendent la santé
» du nourrisson et la constitution à venir de l'homme
» social, du citoyen appelé à donner à la société sa part
» d'intelligence et d'activité, à l'État son appui et son
» concours. »

(Dr CARON, p. 56 et 103.)

« Heureux l'enfant qui puise sa première nourriture
» au sein de la mère ou d'une bonne nourrice ; la santé
» et la vigueur deviennent son partage pour le reste de
» sa vie. »

(HUFELAND, p. 482.)

« Mais à la vérité, je n'y entends sinon cela que la
» plus grande difficulté et importante de l'humaine
» science, semble estre en cet endroict où il se traicte de
» la nourriture et institution des enfants. »

(MONTAIGNE.)

DEUXIÈME LETTRE

Importance de l'Alimentation du Nouveau-Né.

MADAME,

La question de l'alimentation du nouveau-né paraît être, pour beaucoup d'esprits, même de ceux qui sont éclairés, un détail de la vie sans importance notable, voire même sans signification aucune et qui ne mérite pas d'arrêter un seul instant et notre attention et nos réflexions.

Ne vous récriez pas, Madame ; soyez persuadée que ce n'est point là le langage de l'exagération, mais bien celui de la vérité. Les médecins et surtout les accoucheurs en acquièrent tous les jours de nouvelles preuves.

L'homme est si souvent habitué à remplacer et à suppléer la nature par son génie industriel qu'il ne peut pas accepter en esclave, comme une nécessité absolue ,. indispensable , l'*allaitement naturel.*

Aussi a-t-il inventé de jolis instruments, plus ou moins ingénieux, afin de permettre au nouveau-né une succion moins laborieuse. Grâce à tous ces perfectionnements, l'*allaitement artificiel* aurait presque l'ambition d'être rangé parmi les conquêtes de l'intelligence humaine.

Il n'y a certainement pas là de quoi se glorifier.

En effet , à quelles conséquences fâcheuses nous mène cette négligence ou cette prétention, comme on voudra l'appeler !

Pour le présent, une série de périls et d'écueils au milieu desquels on va lancer un fragile berceau. Ce sera une surveillance de tous les jours, de tous les instants, pour savoir si le nouveau-né sera capable d'arriver au port. Malheureusement toute la sollicitude d'une mère, tous les soins qu'une famille pourra lui prodiguer, ne l'empêcheront pas le plus souvent de faire naufrage à une époque encore peu éloignée de sa naissance.

Et puis, s'il a la chance de franchir les obstacles surnaturels qu'on a mis volontairement sur sa route, ne croyez point que la victoire soit complète.

La défaite n'est qu'ajournée.

Le monde ignore-t-il donc que de la première impulsion imprimée à l'organisme, dépend presque toujours l'avenir physique de l'enfant?

Qu'il se pénètre bien au contraire de cette vérité traduite par les deux passages suivants :

« De l'aliment vient la vigueur du corps, de lui » vient aussi la maladie. » (HIPPOCRATE.)

« Il est bien démontré aujourd'hui que le » rachitisme est occasionné, dans la majeure » partie des cas, par le sevrage anticipé et surtout » par l'usage des substances grasses et des bouil- » lies données aux enfants qui n'ont pas fait » toutes leurs dents. » (DÉCLAT, p. 207.)

A quoi tiendraient, Madame, cet étiolement de nos jeunes filles, cette vieillesse prématurée de nos adultes, cet abâtardissement de la race, si ce n'est à un défaut capital dans la première assise des matériaux nutritifs ?

Pourquoi rencontrons-nous si peu de beaux enfants au visage frais et vermeil, aux chairs fermes, solides, bien colorées ? Pourquoi ne voyons-nous que de petits êtres au teint terreux, à la figure maigre et tirée, au ventre proéminent, marchant avec peine, tant leurs jambes grêles et tordues semblent s'affaisser sous le poids de l'édifice difforme qui leur est confié ?

Si telle est la pépinière des races qui doivent nous remplacer, avouez, Madame, qu'elle inspire plus de pitié que d'espoir. Croit-on enfin que ces maladies générales qui épuisent par une dégénérescence progressive les familles et j'oserai dire les nations aussi, n'aient pas leur première origine, leurs premières racines dans cette direction vicieuse et anormale de l'alimentation du nouveau-né ?

On commettrait dans ce cas une grave erreur.

Chose remarquable et triste à dire, il semble que l'enfant jouisse seul du fâcheux privilége de cette déviation des lois naturelles.

Les petits de nos animaux domestiques sont généralement laissés à celle qui les a mis au monde et qui reste chargée de les nourrir de son lait.

D'un autre côté, que de soins n'a-t-on pas pour une jeune plante, une fleur, un arbuste ! Nous les mettons dans une terre qui leur convienne ; nous leur donnons de l'air, du soleil, de l'eau dans des limites raisonnables ; nous les alimentons enfin, si je puis m'exprimer ainsi, avec toutes les précautions imaginables. Et ce culte ne cesse que quand on les suppose capables de résister aux vicissitudes atmosphériques.

Ne croyez pas, Madame, que l'élève de l'homme, la souche toujours renaissante de notre espèce, soit, comme le bétail d'une ferme ou le produit d'une serre, l'objet d'une sollicitude éclairée. Vous vous tromperiez.

On ne pense pas en vérité que le nouveau-né, frêle et chétive créature en butte déjà naturellement à tant de maladies, sensitive qui a droit à notre protection, à notre tutelle, puisse avoir besoin de ménagements au point de vue de son alimentation.

Les auteurs de ses jours ne le laissent pas profiter du liquide nourricier que la prévoyante nature a préparé exclusivement pour lui.

Il lui en est imposé un autre qui n'est pas fait pour des organes aussi délicats et qu'on falsifie, qu'on arrange de toute façon pour tâcher, en vain, de l'approprier à son nouvel emploi...... Mais n'anticipons pas sur des détails qui reviendront plus loin, quand je vous parlerai, Madame, de l'*allaitement artificiel*, ce pis-aller de l'alimentation du nouveau-né, et je vous signalerai alors tous les dangers de cette méthode et les funestes résultats qu'elle a presque toujours pour la santé des enfants.

Pour le moment, j'ai voulu vous démontrer uniquement que cette question mérite bien l'honneur d'être soumise à notre étude.

Nous nous en occuperons dès aujourd'hui.

Afin de mettre un peu d'ordre dans mon exposition, je dois vous dire que d'après la préférence qui leur est accordée on classe les modes d'allaitement en quatre catégories.

1º Allaitement par la mère ;

2º Allaitement par une nourrice sédentaire, interne ou sur lieu, c'est-à-dire qui vient rester avec l'enfant près de la famille ;

3º Allaitement par une nourrice à la campagne, ou externe ;

4º Allaitement par le biberon, au petit pot, etc.

C'est ce dernier qui a été désigné sous le nom d'*allaitement artificiel*.

Je ne vous cite pas ici l'*allaitement mixte* où l'on donne avec le lait de femme un peu de lait de vache ; il viendra à propos de l'allaitement maternel dont il sera un corollaire.

L'allaitement par les animaux, par la chèvre en particulier, exige des conditions trop exceptionnelles, pour que je puisse le considérer comme applicable à la pratique générale.

Je vous en dirai cependant quelques mots plus tard.

Faisons maintenant notre choix.

Quelle espèce d'allaitement devrons-nous adopter ?

C'est ici, Madame, que se manifeste dans tout son jour l'indifférence dont je vous parlais tout à l'heure.

On va, on marche au hasard ; la famille résout la question bien tranquillement à huis-clos ou d'après les conseils de quelque amie, à qui l'on reconnaît un certain degré d'expérience en la matière.

Des gens qui se targuent d'être prévoyants, s'adressent à une garde dont le diplôme de capacité est représenté tout simplement par les deux preuves suivantes : la mise au monde de quelques enfants et plusieurs années de cette pratique, où, comme nous l'avons dit, les absurdités et les usages de la routine la plus aveugle se disputent la place.

Et cependant, quelle confiance le monde n'accorde-t-il pas à ces femmes dont l'assistance est fort utile, sans aucun doute, je suis le premier à le proclamer, quand elles restent dans les limites de leurs fonctions subalternes, mais dont les avis et les prétentions mènent à un résultat presque toujours fatal, lorsqu'elles se donnent le luxe, et cela trop fréquemment, d'empiéter sur un ministère qui leur est totalement étranger.

Instruction, observation, expérience même, tout leur manque.

Qu'ont-elles donc pour imposer ainsi leur manière de voir ?

La ténacité, l'aplomb de l'ignorance et de la nullité.

Qu'elles s'occupent de la mère et de l'enfant quant aux soins de propreté, soit ; c'est leur affaire. Encore ne le font-elles pas avec tant de

zèle qu'elles n'aient souvent besoin d'être stimu-
lées.

Mais qu'elles s'érigent en directrices du traitement et qu'elles prennent en main le gouvernail,
c'est une concession que nous ne pouvons ni ne
devons leur faire. Un tel rôle n'appartient qu'à
celui sur qui pèse toute la responsabilité.

C'est pourtant là, je le sais, un usage reçu et
accepté un peu trop complaisamment par quelques-uns d'entre nous. Aussi leur conduite a-t-
elle autorisé la propagation d'idées semblables à
celles que m'exposait aujourd'hui même une
Dame de mes clientes.

Je vous demande la permission de vous rapporter ses propres paroles ; elles vaudront mieux que
toutes mes réflexions.

Consultée pour savoir si la garde ou *mène* que
sa fille avait eue à son accouchement, l'avait satisfaite, cette mère, tout en ne ménageant pas les
éloges mérités, se plaignait de l'entêtement de
cette femme et de sa tendance à faire juste le
contre - pied de mes prescriptions. Cette Dame
avait le tort ou la faiblesse de considérer cela
comme un défaut !

Elle s'aperçut de son erreur quand la personne
qui lui demandait ces renseignements, manifesta
tout l'étonnement que lui causait cette remarque,
en s'exprimant ainsi :

« Mais, Madame, cela n'est pas un mal, car ces

» gardes sont plus expérimentées et en savent
» plus à cet égard que nos meilleurs Docteurs. Et
» dans un pays où elles ont une grande réputa-
» tion, l'un de ces Messieurs de la Faculté fut
» très-surpris d'être appelé un jour pour soigner
» un petit enfant indisposé, quand il y avait une
» *mène* dans la maison. N'avez-vous pas, dit-il,
» la garde qui peut prescrire tout ce qu'il y a
» à faire, aussi bien que moi. »

Vous avouerez, Madame, qu'il faudrait avoir
beaucoup de modestie, j'allais dire plus, pour
accepter l'opinion de cette Dame et de mon très-
honoré confrère.

Vous trouvez dans ce qui précède une gros-
sière ébauche de la garde de couches. Je me
dispenserai d'achever le portrait.

Voilà l'oracle qui sera consulté.

Peut-être se donnerait-t-on plus de peine et
montrerait-on plus de circonspection s'il fallait
faire le choix d'une robe, d'un châle ou s'il s'agissait de dresser la carte d'un dîner.

Bientôt l'arrêt est prononcé.

Peu importe de savoir si la santé de la mère,
si celle de l'enfant auront à souffrir, maintenant
ou plus tard, de cette détermination.

Telle ou telle décision est prise ; elle est dictée
par un simple caprice, une considération insignifiante ou bien elle cadre le mieux avec les exigences matérielles des ménages.

L'accoucheur n'est admis qu'à entendre les conclusions. Elles sont sans appel.

En effet, Madame, là comme en matière d'habitation, de mariage, d'hygiène publique ou privée, etc., etc., qu'a-t-on besoin des conseils et des lumières du Médecin ?

On fera des bâtiments publics et particuliers où l'air et le soleil n'auront jamais libre et plein accès, quand ces deux modificateurs si précieux n'y seront pas même à la rigueur des visiteurs complètement inconnus ; on propagera le mariage consanguin, contre-sens que se gardent bien de commettre les éleveurs de bestiaux, et l'on nourrira l'enfant qui va naître, à sa guise et le plus commodément possible.

J'ai vu mieux, Madame ; parfois la famille ne s'occupe pas du tout de ce point important et elle se repose, pendant tout le temps de la grossesse, en comptant sur les inspirations du moment pour résoudre le problème après la naissance. Et alors quel chaos ! quel désarroi ! quelle tour de Babel à propos d'un fait cependant si sérieux, puisqu'il ne s'agit de rien moins que de la vie d'un enfant !

L'éducation qu'on donne à nos jeunes filles est pour beaucoup dans ce fâcheux état de choses.

Elles sont à peine sorties de pension qu'on les marie, sans leur laisser le temps de faire auprès de leur mère, un stage si précieux pour leur avenir.

C'est en effet dans cette suite de causeries et de confidences, qu'une mère intelligente et éclairée peut mettre la dernière main à l'œuvre et faire une femme d'une jeune pensionnaire. D'autres ont pu lui apprendre la confection d'une layette, mais la mère seule peut exposer à sa fille tous les devoirs de la maternité.

Or, dans ceux-ci, se trouve en première ligne la direction de l'alimentation du nouveau-né.

Si cette méthode était suivie, les bons principes se propageraient dans les familles et nous n'aurions pas à être si souvent témoins de ces spectacles affligeants qui prouvent toute l'ignorance des jeunes accouchées.

Evitons, Madame, ces tracas, ces ennuis, toujours si pénibles pour le cœur d'une mère, et puisque vous me faites l'honneur de me consulter, passons en revue les différents modes d'allaitement cités plus haut.

Ce sera, Madame, l'objet des lettres suivantes.

Daignez agréer, etc.

« Le lait est déjà presque du sang tout formé auquel
» il ne manque qu'un degré de plus d'élaboration pour
» devenir du sang parfait. »

(Donné, p. 303.)

« L'élément qui domine dans le lait de la femme, c'est
» le sucre et avec raison, parce que la respiration est la
» fonction la plus active du nouvel individu ; le lait des
» autres espèces animales ne saurait donc convenir. »

(Dr Damourette, p. 55.)

« L'expérience faite par M. le Dr Delabarre sur les
» chiens, prouve que rien ne vaut le lait maternel ; qu'il
» est pour les mammifères l'aliment par excellence et
» que sa puissance nutritive est de beaucoup supérieure
» à celle d'un lait étranger quelconque et à plus forte
» raison à celle de l'aliment artificiel le plus habilement
» composé. »

(Déclat, p. 205.)

« Le lait tel qu'il est élaboré dans le sein de la femme
» étant la seule nourriture qui convienne à tous les
« enfants, qui suffise à toutes les exigences du jeune
» âge, l'oubli de cette loi de la nature a une influence
» positive sur le développement d'un grand nombre de
» maladies et particulièrement du muguet. »

(Dr Seux, p. 15.)

TROISIÈME LETTRE

Du Lait.

Madame,

Avant d'arriver aux détails de l'allaitement, laissez-moi vous donner une idée générale, aussi simple que possible, sans enveloppe scientifique, du liquide auquel cette fonction doit son nom.

Le lait est un aliment type ; il est le plus complexe de tous ceux que la nature peut nous fournir. Il contient en dissolution dans l'*eau*, du *sucre*, du *caseum* ou *fromage*, des *substances salines,* et en suspension une partie grasse, butyreuse, le *beurre*.

Or, vous saurez, Madame, que pas un de ces éléments n'est inutile. Chacun, dans la juste proportion qui lui est assignée, a son rôle à remplir.

Tous sont appropriés à la faiblesse des organes qui seront chargés de les élaborer. Ainsi le *beurre* est, de toutes les matières grasses, celle qui est le plus facilement assimilable.

La chaleur, si nécessaire au nouveau-né, lui est fournie par le *sucre de lait*, dont la combustion s'opère le plus aisément.

Le *caseum* ou la *caséine* qui fait la base des fromages, représente sa partie la plus nutritive. Cette matière animale a deux avantages : *absorption prompte et complète* d'un côté ; de l'autre, *destruction lente et imparfaite*.

La Providence a répondu ainsi à l'impérieux besoin de l'enfance : *développement sans dépense*.

Enfin les *sels calcaires* vont constituer la charpente osseuse et la consolider ; les muscles reçoivent leur nourriture des *sels de potasse* et les *sels de soude* servent à former une partie du sang.

Où trouver, Madame, un aliment qui réponde aussi bien à tous les besoins du nouveau-né ?

Les arcanes de la science ou les artifices de l'industrie nous donneront-ils une boisson alimentaire qui remplisse un office aussi multiple ?

Mais, me direz-vous, le lait des animaux, de la

vache, par exemple, est ou doit être à peu près de même nature, de même composition que le lait de femme et alors l'un peut facilement remplacer l'autre ?

C'est là une erreur trop généralement acceptée.

Il n'y a entre ces liquides que des points de rapprochement plus apparents que réels.

Si l'on y rencontre des produits identiques, quant à leur essence chimique, les proportions des différentes parties constituantes sont loin d'être exprimées des deux côtés par les mêmes chiffres.

Je n'entrerai point dans ces parallèles par trop scientifiques, et qui résultent des analyses faites par divers auteurs.

Je n'appellerai, Madame, votre attention que sur un seul détail qu'il vous sera très-facile de vérifier par vous-même.

Vous savez que nous jugeons en général de la qualité d'un lait par l'épaisseur de crême qui reste à sa surface, lorsqu'on l'a laissé reposer pendant un certain nombre d'heures. Or, voici ce que l'expérience a donné pour les laits de femme, d'ânesse, de chèvre et de vache.

Lait de femme......... 3 0/0.

Id. d'ânesse.......... 1 ou 2 0/0.

Id. de vache et de chèvre. 10, 15 et même 20 0/0.

Notons en passant que, dans ce dernier cas, la première *traite* fournit de 5 à 10 0/0 au maximum.

Cette richesse moins grande du lait de vache et de chèvre, lors de la première *traite* n'est pas particulière à ces deux espèces. On la constate aussi chez la femme.

En effet, contrairement à ce qui arrive pour les autres sécrétions, plus le séjour du lait dans la glande mammaire est prolongé, plus il est aqueux et, par conséquent, moins riche et moins nutritif. On a cherché à expliquer le fait de plusieurs manières, mais ici, cela nous importe peu ; il existe et cette notion nous suffit. De part et d'autre elle pourra être heureusement utilisée : nous en tiendrons compte en temps et lieu.

Ainsi, en mettant de côté le lait d'ânesse, qu'il est toujours très-difficile de se procurer, vous voyez que celui de la vache, employé le plus souvent dans l'allaitement artificiel, est au moins cinq fois plus riche que le lait de femme.

Le donner pur c'est donc quintupler les principes alimentaires confiés à l'organisme si faible de l'enfant et, de ce surcroît de besogne, d'approvisionnement, devra résulter une série d'accidents que je vous signalerai en parlant du biberon.

D'un autre côté, si vous cherchez à diminuer la richesse du lait par une addition d'eau ou de tout autre liquide, vous bouleversez, vous détruisez l'harmonie existant entre les différentes parties qui le composent.

Vous obtenez ainsi un breuvage artificiel, sans nom, et j'oserai dire aussi sans but, puisque les éléments qu'on y trouve sont loin d'être en rapport avec les exigences physiologiques du nouveau-né.

Prenons pour exemple certain phénomène chimique que vous saisirez parfaitement.

Le lait de vache est presque toujours acide, même quand le veau tette encore, ce qui est une exception.

S'il est parfois alcalin, il ne l'est que bien faiblement.

Chez la femme au contraire, il est toujours franchement alcalin. Or, l'acidité du lait est une condition défavorable pour le travail de la digestion.

Du reste, le lait de vache en général n'est qu'un lait artificiel, puisque nous l'obtenons de l'animal en dehors du temps de l'allaitement. C'est peut-être aussi un motif pour qu'il soit mal digéré.

Que deviennent ensuite, dans cette espèce de brassage, de fabrication du lait, les doses de *beurre*, *sucre*, *caséine*, etc., qui ont toutes leur raison d'être et qui s'adressent chacune à l'un des tissus ou à l'une des fonctions de l'économie ?

Vous comprendrez facilement, Madame, combien toutes ces différences sont de nature à nuire à la santé de l'enfant.

Faisons remarquer, en prévision d'un allaitement *artificiel forcé*, *inévitable*, que les vaches nourries de carottes fournissent un lait léger et assez facile à digérer.

Les betteraves donnent naissance à un lait très-substantiel et très-riche; les fourrages produisent un liquide intermédiaire.

Ce qui précède plaide en faveur de l'*allaitement naturel* ou *par la femme*.

Voyons maintenant, dans les conditions de ce dernier, les diverses modifications que le lait peut présenter.

Ce sera le sujet de notre prochaine causerie.

Daignez agréer, etc.

« N'oublions pas que le lait se forme aux dépens du
» sang et que la composition de ce dernier ne varie guère
» par le fait du régime alimentaire, quelle qu'en soit la
» nature, pourvu que l'estomac digère bien la nourriture
» qui lui est confiée.
» L'estomac est un véritable creuset dans lequel les
» aliments les plus variés subissent une métamorphose
« complète. »

(Dr BERGERET, p. 157.)

« Je connais bien peu d'aliments qu'on doive refuser
» aux nourrices : les farineux et la salade même n'ont
» pas tous les inconvénients qu'on leur attribue. »

(Dr LE BARILLIER, p. 41.)

« Aucune substance alimentaire n'a la propriété de
» rendre le lait plus abondant chez les femmes, pas plus
» que d'en diminuer la quantité. Tout se réduit pour les
» nourrices comme pour tout le monde à bien digérer
» ce qu'on mange et à ne pas manger avec excès. »

(DONNÉ, p. 157.)

« Un lait médiocre peut, il est vrai, nourrir suffisam-
» ment l'enfant ; ses chairs seront grasses, il grandira,
» mais il restera apathique et souvent débile. »

(DÉCLAT, p. 19.)

QUATRIÈME LETTRE

Du Lait (*suite*).

MADAME,

Parmi les variations du lait dont nous aurons à parler, il en est que nous examinerons tout aussi bien chez la mère que chez la nourrice.

D'autres, au contraire, ont trait exclusivement
à cette dernière.

Je vous rappellerai d'abord celle que je vous ai
mentionnée déjà dans ma précédente lettre et qui
se résume ainsi :

Le lait est d'autant *plus pauvre, plus aqueux* qu'il
a séjourné plus longtemps dans les mamelles.

Viennent maintenant celles qui constituent les
caractères de sa *pauvreté* ou de sa *richesse*.

Quels sont les moyens de les reconnaître ?

Des instruments plus ou moins compliqués,
des procédés plus ou moins difficiles à exécuter
ont été mis en avant, sans que les différentes
solutions aient pleinement satisfait les praticiens.

Aussi ne vous en donnerai-je que deux très-
simples, à la portée de tout le monde.

1° Mettre une goutte de lait sur une cuillère
et voir s'il coule avec facilité ou s'il reste en
masse, adhérent au métal, comme le ferait une
goutte d'huile.

Dans le premier cas, c'est un lait pauvre.

2° Laisser déposer du lait dans un lactomètre
Donné à cent divisions et voir s'il y a le lendemain,
deux ou trois divisions occupées par la crême.

Le lactomètre en question est un instrument
peu coûteux, qu'on peut se procurer facilement,
et, dans tous les cas, votre Médecin en aura sans
doute un à votre disposition.

Au surplus, on le remplace très-bien par deux réservoirs transparents, de même forme et de même capacité, deux verres de table, par exemple. On les emplit de lait de femme et de lait de vache, et en se rappelant qu'il doit y avoir trois degrés d'épaisseur d'un côté et dix ou quinze de l'autre, on détermine approximativement la richesse du produit sécrété par le sein d'une mère.

Pour faire cette expérience, on recueille une certaine quantité du liquide nourricier au moyen de la téterelle de Tier.

Si l'on veut un résultat plus prompt, on se contentera d'examiner l'apparence du lait.

Il est riche, quand il est consistant, jaunâtre ; il est pauvre, au contraire, lorsqu'il est aqueux, d'un blanc mat, azuré.

Je ne vous parle pas du goût qui n'est, lui aussi, qu'un appréciateur fort inexact, malgré toute l'importance que les gardes lui accordent.

Remarquez, Madame, que ces caractères, *richesse* ou *pauvreté*, ne concordent pas toujours avec deux autres, *abondance* et *rareté*.

Ainsi l'*abondance* peut coïncider avec la *pauvreté* du lait, qui est alors séreux et peu nutritif.

Mais souvent la *pauvreté* et la *rareté* marchent ensemble.

Cette dernière cependant se rencontre avec la *richesse*.

nissez pas de votre table certains mets, tels que salade, potages maigres, etc., sévèrement défendus par les gardes et les bonnes femmes.

Ne vous en abstenez qu'autant qu'ils s'écartent de cette vérité énoncée plus haut : *tout aliment bien digéré donne du lait*.

J'aurai à revenir sur ces détails à propos du régime de la nourrice.

Lors de l'allaitement, les mamelons sont le siége de déchirures, d'excoriations, désordres fréquents, mais non sérieux.

Il n'en est pas de même des crevasses proprement dites, gerçures ou fissures plus ou moins profondes, très-douloureuses pour la mère et fournissant un écoulement sanguin ou purulent.

Parfois des abcès sont la conséquence de ces lésions.

Or, le lait peut être altéré par le sang et par le pus ; dans ces deux cas, surtout dans le dernier, il faut cesser l'allaitement.

Un pareil fait occasionnerait des accidents très-graves chez les nouveaux-nés. M. le professeur P. Dubois a constaté l'invasion d'abcès, de gangrène dans différentes parties de l'économie, par suite de cette cause infectante.

Je traiterai, Madame, pour terminer, *deux points* qui concernent spécialement les nourrices.

1° *Quelle est l'influence de la menstruation sur la qualité du lait ?*

Ici encore les solutions sont loin d'être identiques.

Cependant, le lait ne paraît subir que des modifications insignifiantes.

Seulement, aux époques menstruelles, le système nerveux, les appareils de la digestion, de la respiration et de la circulation accusent des troubles variables. Le retour de cette fonction sera donc un signe fâcheux en raison du retentissement qu'il aura sur la santé générale.

M. Cazeaux pense que l'enfant est prédisposé au rachitisme, parceque le sang des règles enlève une portion du phosphate de chaux qui devrait rester dans le lait, en vue de la consolidation des os. Il faut pourvoir à ce déficit par une nourriture appropriée et la semoule Mouriès remplit parfaitement le but.

Enfin, la réapparition des menstrues est souvent l'indice que le lait peut diminuer ou tarir de bonne heure.

En résumé, il est plus avantageux qu'une nourrice ne soit pas dans ces conditions ; mais, lorsqu'elle satisfait sous d'autres rapports et qu'elle est réglée, si l'enfant vient bien, ce n'est pas un motif pour la renvoyer.

Cette particularité de la manifestation des règles pendant l'allaitement n'intéresse point la mère ;

elle l'avertit seulement qu'elle est plus apte à concevoir.

2° *Relativement à l'âge du lait*, et par âge je désigne le temps qui s'est écoulé depuis l'accouchement de la nourrice, on croit à des difficultés qui, au fond, n'existent pas.

Une femme, accouchée de deux à six mois, est celle qui se trouve dans les limites les plus convenables.

Plus tôt, on ne serait pas toujours certain qu'elle continuera à avoir du lait en abondance.

Plus tard, il faudrait se demander si elle sera capable de nourrir assez longtemps pour mener l'enfant à l'époque ordinaire du sevrage. Le lait pourrait manquer.

Nous reprendrons, Madame, les notions renfermées dans ces deux lettres, quand nous aurons à en faire l'application pratique.

Daignez agréer, etc.

« Il est bon d'observer que le lait maternel étant, par
» la consanguinité même, le mieux approprié à la cons-
» titution du nouveau-né, c'est toujours à lui qu'il faut
» donner la préférence.

» Allaiter elle-même son enfant est, à nos yeux, pour
» une mère un devoir sacré que d'impérieuses circons-
» tances doivent seules empêcher de remplir. »

(Dr Delabarre, p. 9.)

« Mieux vaut à l'enfant le sein d'une mère de force
» moyenne que celui d'une mercenaire robuste. »

(Michel Lévy, t. II, p. 432.)

« Une nourrice est une nécessité qu'il faut savoir ac-
» cepter, mais non choisir de préférence, quand aucune
» raison importante ne nous l'impose. »

(Donné, p. 64.)

« Les avantages de l'allaitement maternel sont si
» grands, si nombreux, si variés, qu'ils rachètent bien
» des imperfections de celle qui s'y livre. »

(Dr Léger, p. 458.)

« Heureuse la femme sensée, libre et saine, qui peut
» accepter et remplir les devoirs que lui a imposés la na-
» ture ; elle n'aura pas à partager avec une étrangère
» les premières caresses de son enfant ; c'est elle seule
» qu'il appellera du doux nom de mère ; son premier
» sourire sera pour elle et la nature a fait de ce premier
» sourire le prix le plus doux des souffrances et des soins
» de la maternité. »

(Mme Campan. — *De l'Education*).

« Sa mère voulut la nourrir et rien n'était perdu pour
» les yeux et pour le cœur de ces progrès charmants de
» l'enfance, qui se développe et se déchiffonne, pour
» ainsi dire, comme un bouton de rose sous le souffle
» du matin. »

(J.-T. de St-Germain. — *Mignon*, p. 73.)

CINQUIÈME LETTRE

Avantages de l'Allaitement maternel.

SOMMAIRE : La sécrétion lactée semble être plus stimulée chez la mère que chez une nourrice. — Divers motifs en faveur de cet allaitement. — Il donne moins d'embarras que l'allaitement par une nourrice. — La mère reste dans les mêmes conditions qu'auparavant, tandis que toute la vie antérieure de la nourrice est complètement modifiée. — Avantages au point de vue de l'amour maternel. — Une mère doit renoncer aux plaisirs du monde. — Cependant l'allaitement maternel ne peut pas toujours être conseillé . — Il est nécessaire parfois de prendre une nourrice. — L'allaitement artificiel ne constitue qu'une ressource extrême.

MADAME,

Je vais vous parler de l'allaitement maternel : je m'attacherai tout d'abord à faire ressortir les avantages inhérents à ce mode d'allaitement et que rien ne peut remplacer.

« La sollicitude d'une mère ne se supplée pas » a dit J.-J. Rousseau, et cette pensée n'est pas vraie seulement pour les soins extérieurs et matériels. Elle s'applique à l'appareil nourricier lui-même. En effet, il semble ne pas rester en dehors de ces liens si nombreux qui unissent la mère et l'enfant. Il manifeste sa joie, si je puis m'exprimer ainsi, de n'avoir pas été condamné à l'inaction.

Sans aucun doute, le commerce de sensibilité, établi par la nature entre ces deux existences, agit puissamment sur la lactation. Voyez une mère qui va donner le sein à son nouveau-né ; demandez-lui ce qui se passe en elle : « Je sens le lait monter, » vous sera-t-il répondu, et avant que la succion ait été opérée, le lait s'échappe à flots de ses deux mamelles à la fois. Si les nourrices nous offrent l'occasion d'observer le même phénomène, il est beaucoup moins prononcé.

On remarque également chez les animaux cette provocation si naturelle de la sécrétion lactée. Ainsi, j'ai entendu dire qu'en Amérique, pour augmenter la production du lait chez les vaches, on trompe leur instinct en plaçant auprès d'elles un mannequin de veau, au moment où on les trait.

Autre preuve en faveur de l'allaitement maternel :

On voit des mères nourrir très-bien leurs enfants ; un autre nourrisson goûte-t-il de leur lait, il a des accidents convulsifs. Si ce fait n'était point exceptionnel et heureusement très-rare, l'allaitement par les nourrices aurait à compter avec lui.

Maintenant, sans parler des arrière-pensées que laissent constamment dans l'esprit d'une mère, malgré la rigoureuse observation de toutes les précautions possibles, la santé, les antécédents d'une étrangère, il est certain que l'allaitement maternel entraîne moins d'embarras que l'allaitement par les nourrices.

En négligeant la question d'argent qui a déjà de l'importance pour bien des familles, il faut admettre au foyer domestique une personne de plus et lui trouver, dans une habitation assez restreinte, une chambre suffisamment aérée, où elle pourra vivre ou tout au moins dormir au milieu d'excellentes conditions d'hygiène.

Or, tout cela, en pratique, présente de sérieuses difficultés que la fortune fréquemment, que l'amour des parents toujours savent aplanir, mais qu'il ne faut pas cependant affronter sans besoin réel.

De plus, remarquez, Madame, que la mère ne cesse pas d'occuper la même localité qu'avant son accouchement, et que rien n'est changé dans ses habitudes.

La nourrice, au contraire, quitte le village, la maison où elle demeurait probablement depuis sa naissance, pour venir vivre loin des siens, dans l'intérieur d'une ville.

Souffre-t-elle de ce déplacement, de ce brusque changement dans son genre de vie, son lait en devient moins bon, moins abondant, tarit même tout à fait.

Enfin le sort de son propre enfant lui suscitera des inquiétudes, qui ne sont que trop justifiées, et qui ébranleront encore sa santé.

La mère pèsera mûrement la somme des inconvénients et, convaincue qu'en allaitant elle-même son nouveau-né, elle échappe à tous ces motifs de craintes et de tourments, elle n'aura plus à hésiter.

Et puis, Madame, si nous envisageons la question au point de vue de l'amour maternel, quel bonheur pour une mère de prodiguer seule à son enfant tous ces petits soins de propreté, tous ces détails de toilette que sa faible complexion réclame et qui sont une des sources les plus riches de son développement et de sa beauté.

A vrai dire, la présence d'une nourrice ne l'obligera pas à abandonner ce doux service et je félicite sincèrement les mères qui ne dédaignent point une pareille besogne. Mais le souvenir de la satisfaction accordée aux besoins de sa nutrition parlera plus haut que tout autre chez ce jeune enfant, et, malgré ses caresses, une bonne mère le surprendra désireux de quitter ses bras pour aller se réfugier dans ceux de sa nourrice. Préférence pénible pour celle qui, sur l'avis du médecin et dans l'intérêt du nouveau-né, a dû renoncer à son mandat, mais préférence bien au-

trement cruelle pour la mère dont la résolution
fut dictée par un simple caprice. La première a
rempli son devoir, la seconde a failli à sa mission.
Néanmoins, que toutes les deux se rassurent : la
nature leur laissera la latitude de reprendre leurs
droits et leurs prérogatives. L'enfant sera sevré,
grandira et oubliera la femme qui l'aura nourri
de son lait. Ses petites mains et son sourire s'a-
dresseront à la personne qui saura être tout à la
fois sa protectrice, sa compagne et son premier
guide. J'ai nommé sa mère.

Lisez, Madame, ces lignes où toutes les fibres
du cœur dévoilent leurs émotions :

« L'âme des enfants s'ouvre plus facilement
» lorsque nous sommes seuls avec eux. Je tâche,
» autant que possible, d'être seule avec mon fils.
» Aujourd'hui je l'ai ramené de Neuilly, il s'en-
» dormit dans mes bras, je le couchai sur son lit,
» je lui rendis mille petits soins. Vous auriez dû
» voir comme il était caressant et tendre. Oh ! que
» la mère bourgeoise est heureuse ! » (*Lettres de
la duchesse d'Orléans.*)

Après ce qui précède, entrerai-je, Madame,
dans ces considérations basées sur les relations
du monde, qui empêchent parfois une mère de
nourrir, lorsqu'elle a d'ailleurs reçu en partage
toutes les qualités voulues pour cette fonction ?

A la rigueur, ces questions ne sont plus de mon

domaine, mais, quand on songe à demander mon avis, je m'empresse de répondre dans le sens de l'allaitement maternel. Je cherche en même temps à obtenir des jeunes intéressées le sacrifice de leurs distractions favorites.

Bals, soirées, concerts, spectacles sont choses dont une mère peut se priver pendant neuf ou dix mois. Cette atmosphère ne convient pas à une nourrice. Une petite promenade lui est bien préférable.

Vous en serez largement récompensée, jeune mère, par les compliments que vous recevrez de toute part sur la santé de votre nourrisson, qui sera ainsi doublement votre ouvrage.

Quel plaisir n'éprouverez-vous pas aussi à assister à ses premiers ébats et à constater par vous-même, à chaque heure du jour, pour ainsi dire, l'accroissement de cette intéressante créature?

Vous voyez, Madame, que je plaide bien franchement la cause de l'*allaitement maternel*.

Plus tard, dans d'autres circonstances, je préconiserai, avec autant de chaleur, l'*allaitement par les nourrices*.

Ne croyez pas néanmoins que je sois en désaccord avec mes principes ; non, ma pensée et ma réflexion n'auront pas varié. Du fait seul dépendra ce changement.

L'accoucheur a généralement deux existences à

sauvegarder, celle de la mère et celle de l'enfant. Cette vérité est encore dans toute sa force après la naissance de ce dernier. Ainsi, quand la femme est dans des conditions particulières qui font craindre et pour ses jours et pour ceux de l'enfant qu'elle veut nourrir, nous n'allons pas plus avant, nous appelons une nourrice. La conscience nous prescrit cet acte d'humanité. Le négliger ou adhérer complaisamment aux vues d'une famille, est une faute très - grave , car le Medecin risque ainsi la vie de deux individus à la conservation desquels il est spécialement commis. Dans le cas contraire, c'est-à-dire si la mère est bien portante et jouit d'une belle constitution, l'allaitement maternel doit être rigoureusement conseillé, pour ne pas dire imposé.

Quant à l'*allaitement artificiel*, *au petit pot*, *par le biberon*, etc., vous ne me verrez point changer d'opinion à son égard, et jamais je ne m'en montrerai partisan.

Je le subirai comme une triste nécessité, une ressource extrême, lorsqu'il sera tout à fait impossible de recourir à un autre moyen. Afin d'en rendre les conséquences moins désastreuses, je m'efforcerai alors de le réglementer et de lui dicter des mesures de prudence, de précaution dont la pratique ne devra point se départir.

Examinons maintenant en détail les qualités requises pour qu'une mère puisse allaiter elle-

même son enfant. A ma prochaine lettre, Madame,
le commencement de cette étude.

Daignez agréer, etc.

4

« Il faut que les mères aient le courage d'entendre
» crier leurs enfants, lorsqu'il est nécessaire de les con-
» trarier pour leur faire prendre de bonnes habitudes. »
(Dr BERGERET, p. 138.)

« L'expérience atteste que le petit nombre de mères
» qui ont assez de courage et de raison pour se mettre
» au-dessus des préjugés, ont toutes des nourrissons
» forts et bien portants, lors même qu'ils sont venus au
» monde avec une constitution faible et délicate. »
(Dr LÉGER, p. 167.)

« N'en déplaise à Jean-Jacques, bien des femmes sont
» forcées de renoncer au doux office de l'allaitement,
» les unes par l'excitabilité de leur système nerveux,
» les autres par les défauts de leur constitution physi-
» que.
» Que l'on ne s'exagère pas néanmoins les conditions
» de force et d'embonpoint nécessaires au rôle de nour-
» rice ; il conviendrait à peu de mères s'il exigeait une
» organisation très-robuste.
» Heureusement beaucoup de femmes, d'une force
» moyenne, le soutiennent à merveille, malgré les oscil-
» lations que la vie sociale et les exigences de certaines
» positions ne manquent pas d'imprimer fréquemment à
» la santé. »
(Michel LÉVY, t. II, p. 131.)

SIXIÈME LETTRE

Conditions de l'Allaitement maternel.

SOMMAIRE : Qualités physiques et morales qu'il réclame. — Spontanéité indispensable. — La mère sera peu accessible aux émotions. — État de santé générale. — S'abstenir quand la faiblesse est évidente, qu'il y a quelque maladie organique ou crainte d'affection héréditaire, etc. — La mère peut ne pas être aussi robuste qu'une nourrice. — Les femmes les moins bien partagées ont du lait au début de l'allaitement. — La mère compromet tout à la fois sa santé et la vie de son enfant, si elle essaie de nourrir sans en être réellement capable. — Exemple.

MADAME,

L'aptitude d'une mère à nourrir son enfant exige des conditions *physiques* et *morales*.

Deux mots des dernières.

L'allaitement est une fonction dont il faut s'acquitter de plein gré. La jeune mère y aspirera franchement, sans contrainte aucune exercée par le mari ou la famille, sans complaisance envers la mode en vigueur.

Il est des personnes qui, bien qu'excellentes

mères, ne se sentent pas la force de nourrir. Avec elles, gardons-nous de tenter une entreprise aussi délicate ; ce serait courir trop de chances défavorables. Mieux vaut y renoncer.

Rappelez-vous aussi, Madame, qu'une nourrice doit se montrer peu impressionnable. Non-seulement la nature du lait en souffrirait, mais de plus toute mère, qui ne saurait pas supporter les cris de son enfant, serait entraînée pour y mettre un terme à lui offrir le sein continuellement.

Elle nuirait à la santé du nouveau-né et n'aurait jamais qu'un très-mauvais élève.

Je ne parle pas de ces mouvements de colère, d'emportement ou tout au moins de mauvaise humeur, auxquels s'abandonne malheureusement notre pauvre espèce humaine. J'espère que le sentiment maternel leur donnera relâche durant l'allaitement.

Si la mère savait qu'après une émotion morale très-vive, le lait peut devenir pour son enfant un poison rapidement mortel, elle ne se rendrait point coupable de pareilles faiblesses. Or, des exemples de ce genre sont consignés dans les annales de la science.

Cela posé, quelles sont les qualités physiques nécessaires à une femme qui veut nourrir ?

Cette question comporte l'examen de deux points très-importants :

L'état de santé générale ;

La disposition particulière de l'appareil de la lactation.

Vous comprendrez, Madame, que, pour s'instituer la nourrice de son enfant, une mère a besoin de bien se porter. Est-elle faible, d'un tempérament lymphatique exagéré, a-t-elle quelque affection organique du côté des poumons ou du cœur, existe-t-il dans sa famille quelque maladie héréditaire ; est-elle tourmentée par des digestions pénibles, laborieuses ; n'a-t-elle même que le défaut de présenter un ensemble de maigreur qui ne s'accorde pas avec les qualités d'une nourrice ?... Évidemment elle s'abstiendra.

Persister dans une résolution regrettable, c'est vouloir faire deux victimes à la fois. C'est aussi provoquer chez un enfant des prédispositions à l'héritage d'une maladie que l'on verra se manifester à une époque plus ou moins éloignée de sa naissance.

La mère a pu lui transmettre un sang qui laisse à craindre pour l'avenir. Sans opérer une métamorphose absolue, la nourrice modifiera ces tendances fâcheuses et relèvera probablement ainsi la constitution de l'enfant.

Je n'irai pas demander à une mère toutes les garanties de tempérament et de santé que j'exigerais d'une étrangère. A ce titre, j'éliminerais nombre de jeunes Dames ; mais je ne procède point de la sorte.

Au contraire, toute femme, même d'une complexion moyenne, qui observera scrupuleusement les règles de l'allaitement, dont vous prendrez connaissance plus tard, parviendra sans trop de fatigue à nourrir son enfant. J'en ai vu tout récemment encore deux exemples.

Cependant les avantages que je reconnais à l'allaitement maternel ont leurs limites.

Parfois, soit qu'on n'ait pas consulté préalablement le Médecin, ou qu'après avoir pris son avis, on n'en ait pas tenu compte, de nouvelles accouchées entreprennent d'allaiter leur enfant. Pendant quelque temps, elles se moquent des décrets de la Faculté et se drapent dans leurs qualités de nourrice en apparence si remarquables.

Mais elles ne tardent pas à acquérir la conviction que l'erreur n'était point de notre côté. La raison de ce qui se passe en pareil cas est nettement exposée dans le passage suivant de M. Donné :

« Ce qui trompe beaucoup de jeunes femmes,
» ce qui leur fait souvent illusion sur les forces
» qu'elles se supposent, c'est l'abondance du lait
» pendant les premiers temps qui suivent l'accouchement. Elles se livrent avec ardeur à leur
» désir d'allaiter et elles se croient d'excellentes
» nourrices, parce que le lait afflue momentané-
» ment dans leurs seins. Mais cette abondance au
» début n'est pas une grande garantie ; les fem-

» mes les moins bien partagées produisent d'a-
» bord du lait en assez grande proportion, et il
» est rare que la sécrétion n'ait pas une certaine
» activité dans les premiers temps chez toutes les
» femmes bien ou mal constituées, bien ou mal
» organisées. »

Et, savez-vous, Madame, ce que l'on gagne le
plus souvent par cet essai infructueux que le
bon sens et l'expérience avaient rejeté ? Le voici.

La femme éprouve des tiraillements d'estomac,
des douleurs de toute espèce, à la région du dos,
à la poitrine, et tombe dans un état de prostration qui fait naître de justes alarmes. De plus, en
excitant un organe qui n'est pas disposé pour
fonctionner régulièrement, on voit s'y développer des accidents inflammatoires. Les crevasses,
les abcès du sein sont la conséquence de ces
folles tentatives, qui n'ont abouti qu'à rendre un
enfant malingre et à reporter le rétablissement
complet de la mère à une époque très-éloignée de
l'accouchement.

Permettez-moi, Madame, en terminant cette
lettre, de vous citer à l'appui de ce que j'avance,
un fait emprunté à ma pratique.

Une jeune femme, d'une constitution très-frêle,
eut dernièrement son troisième enfant. Elle avait
essayé de nourrir aux couches précédentes. A la
première, elle n'avait pu reprendre sa vie ordinaire que fort tard, après avoir beaucoup souffert

et s'être vue réduite à élever au biberon un enfant qui mourut au bout de quelques mois d'une
fluxion de poitrine.

La deuxième fois, je fus chargé de la soigner :
malgré mes conseils, on tint la même conduite.
Le retour des forces se fit longtemps attendre et
l'enfant, allaité enfin par une personne de la
campagne, se porte aujourd'hui très-bien.

Dès le commencement de sa troisième grossesse, ma cliente, instruite par ses insuccès,
était bien décidée à confier immédiatement le
nouveau-né à une nourrice. Dix jours après sa
délivrance, la santé avait repris ses allures normales et nous n'avons jamais eu à nous occuper
de celle de l'enfant.

Daignez agréer, etc.

« Il est bien des mères que je n'accepterais pas comme
» nourrices, pour allaiter d'autres enfants que les leurs,
» et que je crois parfaitement bonnes pour nourrir leurs
» propres enfants et souvent même préférables aux meil-
» leures nourrices étrangères. »

(DONNÉ, p. 43.)

« Beaucoup d'entre elles, même avec une apparence
» chétive, ont en elles une force latente qui se révèle
» dans cette rude épreuve ; loin d'en ressentir aucune
» fatigue, elles se développent, elles prennent plus
» d'embonpoint, plus de vigueur et de santé... Il est
» difficile de deviner *à priori* ce résultat. »

(RICHARD (de Nancy), p. 63.)

SEPTIÈME LETTRE.

Conditions de l'allaitement maternel. (*Suite.*)

SOMMAIRE. — Appareil de la lactation. — Consistance et volume de la glande mammaire. — Les femmes grasses ne sont pas toujours de bonnes nourrices. — Disposition anatomique du mamelon. — Conséquences de sa briéveté. — Peut-on dire pendant la grossesse, si une femme sera capable de nourrir ? — Deux mots sur la physiologie du lait. — Ce que c'est que le *colostrum*. — Moyens de l'examiner. — Trois catégories de femmes établies sous ce rapport par M. Donné.

MADAME,

Nous arrivons à l'appareil de la lactation lui-même.

Cette partie de l'allaitement a été négligée par beaucoup d'auteurs, qui paraissent ne s'être préoccupés que de l'état général de la mère et de la sécrétion du lait, sans s'informer si la disposition anatomique des mamelles permettait l'accomplissement de cette fonction.

Ils n'ont envisagé la question que pour la nourrice, c'est-à-dire avec des conditions de *choix* et

non de *nécessité*, comme dans les circonstances
actuelles. Je dis nécessité et nous allons voir en
effet que cette expression est justifiée par des
exigences inhérentes à l'acte même de la succion.

Un sein volumineux n'est pas de rigueur, mais
son tissu présentera un degré de consistance assez
prononcée. La pression donnera à la main la
sensation de lobules fermes et résistants. Il faut
bien savoir que les femmes grasses ne sont pas
toujours aptes à être nourrices ; elles ont de la
graisse et peu de glande. Or, celle-ci seule fabrique le lait et en détermine l'abondance et la richesse.

En admettant que la source soit bonne et fé-
conde, il importe aussi de reconnaître si l'organe
qui servira d'intermédiaire, de moyen de préhen-
sion, pourra, sans trop de peine, être saisi par la
bouche du nouveau-né. En d'autres termes, nous
devons nous assurer que le mamelon possède les
dimensions réclamées par son exercice futur.

Je ne vous parlerai pas ici, Madame, des différentes formes affectées par cet appendice. Comme
la mamelle, il a des dispositions plus ou moins
avantageuses. Nous y reviendrons lorsqu'il s'agira
des nourrices.

Pour le moment, nous n'avons pas à choisir ;
contentons-nous d'indiquer ce qui est absolument indispensable. Les concessions, faites à la

mère relativement à son tempérament et à sa constitution, ne lui manqueront pas encore à propos de l'appareil de la lactation. On refusera sans hésitation la nourrice mercenaire pour tel défaut qui sera toléré chez la mère. Néanmoins, nous recommandons à cet égard certaine réserve que l'expérience nous a enseignée.

Une longueur modérée du mamelon est de toute nécessité pour l'allaitement : sans elle la succion, cet acte physiologique si compliqué dont le nouvel être s'acquitte avec tant d'habileté quelques secondes après sa naissance, sans elle, dis-je, la succion ne s'accomplira qu'imparfaitement.

Parfois elle devient impossible. Qu'arrive-t-il alors ?

L'enfant impatient tiraille énergiquement l'organe trop court, l'irrite et produit des crevasses, des gerçures, etc., origine fréquente des abcès du sein. Il n'est pas sans souffrir lui-même de cet état de choses. Le lait lui est fourni en quantité insuffisante et cependant il se fatigue beaucoup pour obtenir cette faible récompense de ses efforts. Une traction souple et moelleuse est remplacée par un frottement réitéré avec brusquerie et la langue se couvre d'aphthes.

L'économie ressent bientôt l'effet de tous ces désordres, et sous leur influence, la bouche devient le siége d'une éruption particulière désignée sous le nom de muguet. Dès lors, l'allaitement est de plus en plus douloureux et l'enfant dépérit chaque jour au lieu de se développer. Aussi, toute future mère qui se trouvera dans ces conditions défavorables, fera-t-elle bien, à mon avis, de renoncer d'avance aux fonctions de nourrice.

Vous reconnaîtrez, Madame, la valeur de ces détails, et vous conviendrez qu'il n'est pas prudent de les négliger. Je prendrai soin de les compléter au chapitre des précautions que demandent les mamelles pendant la grossesse.

Après avoir acquis la certitude que la *longueur du mamelon* et la *consistance de la glande* promettent un bon office, nous nous trouvons en présence de ce problème :

Peut-on dire si une femme enceinte sera capable ou non de nourrir ?

Deux mots d'abord concernant la physiologie du lait, afin de me faciliter la réponse.

Durant la gestation, les divers éléments qui forment ce liquide ne sont point unis entre eux. La partie grasse, butyreuse, flotte dans le véhicule séreux : l'émulsion ou le mélange ne s'accomplit qu'après l'accouchement. Il en résulte qu'une goutte de ce lait provisoire, déposée sur la toile ou le coton, y produit une tâche figurée ainsi qu'il suit : au centre, stigmate d'un jaune assez marqué et plus ou moins étendu ; au pourtour, le tissu est empesé comme si l'on y avait mis de l'amidon clair ou mieux de l'albumine ou blanc d'œuf. On appelle *colostrum* ce lait imparfait.

L'étude de ses principaux caractères permet de prévoir quelles seront les qualités essentielles de la sécrétion lactée.

Vous penserez encore avec moi, Madame, que ces observations ne sont point à dédaigner. La peine que coûte cette recherche se réduit à rien ou à peu près. Sur l'invitation de l'accoucheur, la femme surveillera le linge qui recouvre sa poitrine, et à l'aide des renseignements qu'elle fournira, le praticien pourra se prononcer. Ou bien, en pressant le mamelon, on extrait du colostrum qui est étudié sur place. On procède à cet examen vers le huitième mois. M. Donné s'est servi de cette base pour établir trois catégories parmi les femmes :

1o Pas de colostrum ou une goutte. Ce sera généralement le signe d'une mauvaise nourrice ;

2o Colostrum en assez grande quantité, mais liquide, aqueux, sans stries de matière jaune, épaisse et visqueuse. Dans ce cas la femme aura du lait, assez abondant, mais peu substantiel ;

3o Enfin on obtient aisément plusieurs gouttes qui renferment beaucoup de matière jaune et une faible proportion de sérosité. On augure de là que la femme sera bonne nourrice.

Le microscope justifie ces divisions. Les globules

laiteux, qui manquent dans les deux premiers cas ou qui y sont au moins assez rares, affluent au contraire dans le troisième... Mais je m'aperçois que je me laisse entraîner sur le terrain de la science, en vous parlant, Madame, de globules laiteux, de microscope, et désireux de rester fidèle au programme que je me suis tracé, je me hâte de revenir à nos simples causeries.

Je les reprendrai dans ma prochaine lettre.

Daignez agréer, etc.

« On ne peut jamais compenser le manque d'air par
» le régime et les remèdes. »

(PRINGLE.)

« Où le soleil ne pénètre pas, le Médecin entre sou-
» vent. »

(*Proverbe italien.*)

« L'action d'un air pur et des rayons solaires forme
» une des conditions essentielles d'une santé vigoureuse.
» Elle est vingt fois plus nécessaire à l'homme qu'une
» bonne nourriture.
» L'exercice met en jeu les forces vitales et augmente
» l'activité fonctionnelle de tous nos organes.
» L'immobilité engendre la stase des humeurs, dimi-
» nue la transpiration, épaissit le sang et en modifie la
» composition. »

(Dr BERGERET.)

« Comment l'enfant pourrait-il venir en bon état ou
» du moins combien de chances ne met - on pas contre
» soi quand la mère passe tout le temps de la gestation
» dans un état de convalescence et d'inertie. »

(DONNÉ, p. 35.)

« Un exercice modéré pendant la grossesse est un des
» plus sûrs moyens d'écarter une partie des incommo-
» dités qui l'accompagnent quelquefois. Il fortifie les
» muscles, accroit la nutrition, éveille, excite la vitalité,
» et en affermissant la santé de la mère, favorise le dé-
» veloppement du fœtus. »

(Dr LÉGER, p. 64.)

HUITIÈME LETTRE

De l'Allaitement maternel. — Hygiène de la femme enceinte.

SOMMAIRE : Conduite à tenir jusqu'à la fin de la grossesse. — Exécution des préceptes généraux de l'hygiène. — Fâcheuse obstination des femmes grosses à ne pas quitter leurs appartements. L'air et l'exercice sont alors plus que jamais nécessaires. Conséquences de ces mauvaises habitudes. — Au contraire, promenades, bon régime. Point de satisfaction à ces désirs bizarres, ridicules, qui n'ont aucune raison d'être. — Précautions touchant les vêtements. — Quelques bains, surtout en été, pour provoquer le sommeil. — Remarque au sujet de leur température. Ont-ils la propriété de rendre les couches plus faciles ? En hiver il vaut mieux s'en abstenir.

MADAME,

Nous avons jusqu'ici examiné si la femme pouvait être acceptée comme nourrice. Supposons que l'enquête soit favorable.

Quelle est dès lors la conduite à tenir en attendant l'accouchement ? En d'autres termes, et pour suivre le même ordre que plus haut, quelles sont les précautions à prendre concernant :

1º *La santé générale*

2º *L'appareil de la lactation ?*

Je vous vois, Madame, lire avec empressement ces lignes, où vous espérez recueillir un enseignement si cher à votre cœur. Vous allez vous convaincre qu'il consiste tout simplement à exécuter les préceptes généraux de l'hygiène.

Laissez-moi donc vous exposer cette introduction à l'allaitement maternel.

D'abord, il faut le proclamer bien haut, en dépit de nos conseils réitérés, de nos représentations fréquentes, j'oserais presque dire de nos tracasseries, les femmes enceintes, principalement celles qui appartiennent à la classe élevée de la société, s'obstinent à rester enfermées dans des salons, vastes et aérés je le veux bien, mais dont l'atmosphère ne vaudra jamais celle qu'on respire dans un jardin ou mieux encore à la campagne.

En un mot, l'hygiène de la grossesse est fort mal observée.

Déjà, en tout temps, la femme n'a qu'à se louer de ce stimulant extérieur, de ce bain d'air qui réveille le jeu trop lent de ses fonctions.

Ce besoin devient encore plus impérieux quand arrive la gestation. En effet, la débilité, l'anémie ou pauvreté du sang sont en général plus prononcées vers cette époque. Il faut donc que les matériaux, dont une partie est destinée actuellement à la vie intra-utérine de l'enfant, soient mieux élaborés. La femme y gagnera au double point de vue de la santé pendant la grossesse et du rétablissement après l'accouchement.

Obtiendra-t-on ces heureux résultats en se séquestrant dans une chambre à coucher ou tout autre local, en évitant la moindre intempérie, en craignant de se livrer au plus faible exercice, en s'étendant mollement sur une chaise longue, sans chercher à triompher par la volonté de la tendance au repos, qu'éprouve toute femme parvenue au terme de cette position si justement qualifiée *intéressante ?* Non, bien certainement. Donc, future nourrice ou non, la femme doit à son seul titre de mère, de soigner sa santé, son hygiène. De plus, il est naturel qu'à sa naissance, l'enfant trouve, dans le sein de celle qui l'a engendré, un lait doué des qualités nécessaires à sa croissance de tous les jours.

Malheureusement, on ne tient aucun compte de ces deux obligations absolues. Le premier pas fait dans cette fausse route, on continue tranquillement sans s'inquiéter de ce que pense et de ce que pourrait conseiller le Médecin.

Voici, Madame, où mène une pareille incurie :

Greffé sur une mère qui a souffert d'une aussi longue séquestration, le nouveau-né vient au monde dans de mauvaises conditions. Il est frêle, chétif ; un rien peut l'abattre.

Cependant un bon lait lui ménagerait une ancre de salut.

Mais cette dernière espérance même va s'évanouir. L'organe, qui sera désormais chargé de pourvoir à sa nourriture, ne lui donnera qu'une alimentation pauvre, insuffisante, et qu'on verra encore diminuer d'une façon très-rapide.

Si le petit être a pu vaincre le premier obstacle, sera-t-il capable de surmonter celui qu'il rencontre ainsi au seuil de la vie ?

Privé du soutien que la nature lui avait réservé, son organisme s'affaiblira de plus en plus ; si l'enfant ne succombe pas, tout au moins courra-t-il de grands dangers, et longtemps encore sa constitution délicate gardera le souvenir de cet orage.

Vous vous épargnerez, Madame, j'en suis persuadé, cette affligeante alternative. Vous n'oublierez pas qu'en soignant votre propre santé, vous portez toute votre sollicitude sur celle de votre enfant.

Mettez donc à profit ce temps assez long, pendant lequel la nature dispose d'une manière si admirable tous les rouages de l'économie et les prépare, non-seulement à la création d'un nouvel individu, mais encore à l'établissement d'une fonction jusque là muette, où il ira puiser les premiers éléments nécessaires à sa conservation. Promenez-vous en plein air, prenez chaque jour un léger exercice. Votre appétit en sera meilleur, vos digestions s'accompliront mieux et le sommeil sera plus réparateur.

Que votre nourriture, sans être abondante, soit substantielle et variée. Qu'elle consiste en bons potages, en viandes rôties, en légumes et non en mets plus ou moins bizarres, presque toujours d'une digestion impossible et que beaucoup de femmes enceintes ont le tort de préférer. Si l'estomac est paresseux, avertissez-en votre accoucheur qui vous prescrira probablement des préparations ferrugineuses et du vin de quinquina.

N'abusez point des tisanes qui frapperaient vos organes de débilité et d'atonie. J'en excepte cependant les espèces amères dont l'infusion, prise à la dose de quelques verres par jour et surtout à jeun, peut produire un très-bon effet.

Faites usage comme boisson alimentaire de bière, d'eau rougie et même d'un peu de vin pur. Joignez-y au besoin une petite quantité de café noir si vous avez acquis l'expérience que cette liqueur facilite chez vous le travail de la digestion.

Quant aux vêtements, je n'en dirai qu'un mot. Ils seront taillés avec ampleur et ne causeront aucune gêne.

En traitant de la lactation, je m'occuperai du corset, mais il sera, comme les robes serrées, proscrit dès le début.

Lorsque l'accouchement a lieu vers la fin de

l'été, les dernières périodes de la grossesse coïncident avec les grandes chaleurs et alors le sommeil est ordinairement plus rare. Il faut le provoquer par un bain tiède, d'une température peu élevée et d'une durée de trois quarts d'heure environ.

Un repos très-bienfaisant est le résultat de cette simple précaution. C'est, à nos yeux, l'avantage le plus marqué qu'on puisse retirer de l'emploi des bains pendant la gestation.

Le monde et même quelques médecins leur accordent la propriété de rendre le travail plus facile. Je ne leur reconnais pas tant d'efficacité ; néanmoins, pris sagement, ils ne présentent aucun inconvénient.

Et, à leur propos, je ne crois pas, Madame, qu'il suffise de vous dire : *température peu élevée* ; je vous ferai une recommandation particulière. Ne consultez pas le thermomètre, le degré de sensibilité en pareille matière n'étant pas le même chez tous les individus. Ce qui est froid pour l'un, n'est que tiède pour l'autre.

Aussi, après vous être assurée à l'aide de la main, que l'eau n'est pas trop chaude, plongez-y la jambe et jugez de la température réelle par l'impression que vous en recevrez. Vous ne devez ressentir aucun excès soit en froid, soit en chaud.

Un pareil bain ne peut que vous être très-utile.

Seulement, si la saison est rigoureuse et que,

malgré toutes les mesures de prudence dont vous vous entourerez, vous craigniez de contracter un rhume, dispensez-vous en.

Le bénéfice obtenu ne contre-balancerait pas les désavantages qui en seraient parfois la conséquence.

Daignez agréer, etc.

« Le repos de l'âme est aussi nécessaire aux femmes
» enceintes que l'exercice modéré du corps. »

(Deslande.)

« Jamais l'influence du moral sur le physique n'est plus
» sensible ; l'état du corps semble dépendre presque
» entièrement de l'état de l'âme et la mère et son fils se
» portent bien ou mal selon qu'elle éprouve des émotions
» agréables ou pénibles. »

(Dr Léger , p. 68.)

« Chacun sait que la mollesse, l'excès de soins qu'on
» prend de sa personne, le défaut d'exercice, la nourri-
» ture recherchée, en un mot toutes les habitudes de
» luxe et de volupté entretiennent et surexcitent vive-
» ment la susceptibilité nerveuse.
» A toutes ces femmes le meilleur traitement que le
» Médecin puisse prescrire, c'est bien certainement de
» se livrer à des occupations simples et sérieuses, de
» prendre de l'exercice, de l'air, du soleil, et de cesser
» de vivre dans l'atmosphère parfumée de leur boudoir
» ou à la lumière factice de leur salon. »

(Dr Mordret, p. 156.)

NEUVIÈME LETTRE

De l'Allaitement maternel. (*Suite.*)
Hygiène morale de la femme enceinte.

SOMMAIRE. — Elle est aussi importante que l'hygiène physique.
— Leurs préceptes se confondent. — Leur but est le même. —
Négligées, elles produisent des effets identiques. — État d'excitation, d'inquiétude, dans lequel se trouvent beaucoup de
femmes enceintes. — Conséquences fâcheuses de ces dispositions pour le présent et pour l'avenir. — Les futures accouchées ressemblent alors aux gens qui ont peur au moment
d'une épidémie. — L'accouchement, considéré en lui-même,
n'est pas entouré d'autant de dangers qu'on veut bien le dire.
— Les insuccès ne sont qu'une très-rare exception. — Distractions et occupations matérielles nécessaires aux femmes
grosses.

MADAME,

Avant de clore ce qui a trait à l'hygiène générale de la femme enceinte, j'ajouterai, pour obéir
à mon devoir, quelques conseils suggérés par
l'intérêt qu'inspire toute femme sur le point de
devenir mère. N'y voyez point un encouragement

banal, mais bien l'expression sincère de ma pensée.

Cette digression ne vous paraîtra peut-être pas au premier abord se rattacher à la question de l'allaitement : elle est pourtant de son ressort, car elle s'adresse à *l'hygiène morale* qui partage avec *l'hygiène physique* une influence incontestable sur les phénomènes de la lactation.

Si la première a pour but la tranquillité de l'esprit, la sérénité de l'âme, la seconde tend à maintenir dans toute son intégrité l'exercice normal des principales fonctions de la vie.

La ligne de démarcation qui les sépare n'est qu'apparente. Confondues le plus souvent déjà quant aux causes, elles convergent toutes les deux vers un point unique : la conservation de la santé. C'est pourquoi leurs préceptes sont analogues et reposent tous sur les lois de l'*hygiène générale*.

Négligez l'une ou l'autre, et vous amenez également la dépression des forces. L'organisation physique laisse alors le champ libre aux divagations du système nerveux, qui témoigne bientôt de cette émancipation irrégulière, par le trouble jeté dans les facultés morales. Une fois l'équilibre rompu, les bizarreries du caractère ne connaissent plus de limites.

Examinez, Madame, ce qui se passe chez beaucoup de femmes enceintes. Elles s'effraient de leur accouchement, elles sont surexcitées et inquiètes pendant toute la durée de leur grossesse.

Elles ont des idées noires, se font des fantômes de leur position, etc., etc. Elles prouvent enfin par des actes étranges et d'incroyables caprices toute l'agitation à laquelle elles sont en proie.

Or, cet état d'angoisses continues est très-nuisible sous deux rapports.

Son effet immédiat est de déranger les grands appareils de l'économie, et d'engendrer des désordres sérieux pour la santé.

Il a dans l'avenir une action tout aussi funeste ; car il provoque chez les agents de la sensibilité, une surexcitation, une susceptibilité qui peuvent avoir leurs dangers pendant et après l'accouchement.

Je recommande donc instamment aux jeunes femmes de chasser de leur imagination ces mauvaises pensées, ces rêveries puériles, qui n'ont aucune raison d'être. D'ailleurs, si les futures accouchées voulaient s'observer un peu, elles constateraient elles-mêmes que leur fibre nerveuse se ressent de cet ébranlement si souvent répété, et qu'elles se placent dans les conditions, toujours fâcheuses, d'une personne qui a peur lors d'une épidémie. Et puis croient-elles, en agissant de la sorte, se préparer convenablement aux exigences des devoirs de nourrice ?...

Permettez-moi ici, Madame, quelques réflexions

générales à propos de la gravité que présente l'accouchement, gravité qui est loin d'être justement interprétée.

Chaque pas dans la vie nous met à la rigueur en face d'un péril. L'âge, le sexe, le tempérament, une position sociale quelconque, j'allais dire une distraction, un plaisir, un voyage, nous offrent la possibilité d'un malheur au devant duquel nous marchons cependant très - philosophiquement, sans penser en aucune façon à ce qui nous attend.

Eh ! bien, je vous assure, Madame, qu'au milieu de ces chances de toute espèce la fortune se montre tout particulièrement favorable à l'accouchement. Notez en outre que les affections étrangères à la grossesse, au travail de l'enfantement et surtout les imprudences dont les nouvelles accouchées se rendent à chaque instant coupables, entrent pour une part importante dans la série des cas malheureux.

Ensuite, on ne tient compte que des revers relativement très-rares et qui forment l'exception. Quant aux *succès si nombreux de tous les jours*, on se garde bien d'en conserver le souvenir.

On s'entretient avec épouvante de nos moyens d'intervention, en leur prêtant pour escorte une foule d'erreurs et d'exagérations, et l'on ne sait pas que *l'immense majorité des accouchements* se fait très-heureusement sans eux et par le seul ministère de la nature.

En résumé, Madame, cette fonction, il est vrai, a ses écueils, mais quand elle est surveillée avec patience et savoir, tant au moment du travail même que pendant la grossesse et les suites des couches, la règle générale est qu'il n'en résulte aucun accident, principalement pour la mère.

J'espère que les considérations qui précèdent, traduction exacte et fidèle du *pronostic en matière d'accouchement*, auront fait pénétrer la conviction dans votre esprit et le calme dans votre cœur.

Croyez-moi donc, Madame, passez gaiement au sein de votre famille les derniers mois de votre grossesse, occupez vos loisirs à préparer tout ce qui sera nécessaire pour le nouveau-né et ne songez qu'au bonheur d'être bientôt mère.

Cette seule pensée doit dissiper toutes vos appréhensions.

Au prix de quelques douleurs, aussitôt oubliées que disparues, vous donnerez à Charles un bel enfant.

Vous aurez alors deux êtres à aimer au lieu d'un.... mais un pareil amour ressemble aux parfums délicats... il ne perd point à être divisé.

Daignez agréer, etc.

« La brièveté du mamelon peut être aussi produite par
» des causes mécaniques ; c'est ainsi qu'il n'est pas im-
» possible de le voir aplati et comme arrêté dans son
» développement par la pression immédiate et continue
» d'un vêtement trop serré.
» D'une autre part, son allongement artificiel est
» quelquefois très-borné, le tissu qui l'unit à la glande
» mammaire et les vaisseaux lactifères étant exception-
» nellement très-peu extensibles. Le mamelon est alors
» attaché court à la mamelle. »

(P. DUBOIS, 1re *livraison*, p. 265.)

« Le corset ne doit que soutenir la taille, la maintenir
» dans un état de rectitude convenable, sans gêner en
» aucune manière les mouvements de la poitrine et la
» liberté de la respiration. »

(Dr LÉGER, p. 24.)

« On devra, avant tout, chercher à prévenir les exco-
» riations et les crevasses, en donnant autant que pos-
» sible au mamelon une forme convenable ; on essaiera
» d'augmenter sa densité et d'émousser sa sensibilité
» par des lotions toniques ou astringentes. »

(NÉLATON, t. IV, p. 8.)

« La finesse de la peau et l'excessive sensibilité du ma-
» melon seront combattues avec avantage par les lotions
» astringentes répétées souvent pendant les derniers
» mois de la grossesse. »

(CAZEAUX, p. 1011.)

DIXIÈME LETTRE.

De l'Allaitement maternel. (*Suite.*)
Moyen préventif contre les crevasses du sein.

SOMMAIRE. — Précautions que réclame l'appareil de la lacta
tion pendant la grossesse. — Défaut de longueur du mamelon.
— Résumé d'expériences faites à ce sujet. — Echec d'un
instrument destiné à l'allonger. — Ses seuls avantages. — Sans
mamelon une mère ne doit point tenter l'allaitement. — Rien
ne remédie à cette disposition anatomique. — Divers astringents employés pour disposer le bout de sein à son futur service. — L'action de l'air provoque-t-elle la sécrétion du lait ?

MADAME,

Cette lettre sera consacrée aux précautions qui
rendent l'allaitement moins pénible pour la mère
et par suite plus fructueux pour l'enfant.

Vous avez bien certainement entendu parler des
accidents qui accompagnent parfois cette fonction, tels que crevasses, gerçures, abcès, etc. Ce
n'est pas sans motif qu'ils sont redoutés des jeunes accouchées, car la tendresse maternelle est

6

contrainte par eux de renoncer à l'œuvre qu'elle avait si joyeusement commencée.

Je serais très-heureux de vous épargner ces rudes épreuves. Je vous recommanderai donc un préservatif que je ne présente pas comme infaillible, que j'avoue même avoir vu échouer plus d'une fois, mais auquel cependant je reconnais un degré d'utilité assez marqué pour désirer que vous ne le négligiez pas.

Une des conditions essentielles de l'allaitement c'est, avons-nous dit, une longueur suffisante du mamelon.

Or, on a prétendu que la compression exercée par le corset amène l'aplatissement de cet organe. Je ne suis pas, quant à moi, bien fixé sur ce point ; j'ai observé en effet des exemples assez nombreux qui déposent en sens contraire.

Ainsi, des femmes de la campagne, qui ne portaient point d'habitude de corset, avaient des mamelons d'une exiguité telle qu'on n'y apercevait aucune saillie.

Quelquefois même cette saillie était remplacée par une cavité.

Cette disposition anormale se rencontre assez fréquemment et, frappé de ses inconvénients, j'ai cherché à la combattre.

Un moment j'ai espéré pouvoir remédier à cette brièveté naturelle ou accidentelle, à l'aide d'un petit appareil que M. Mathieu, de Paris, a fabriqué sur mes indications.

Il consiste en une cupule ou cloche en verre, de la capacité d'un dé à coudre, ayant la forme d'un fumivore à gaz et s'adaptant à une pompe à air. Un robinet, ajusté à sa partie supérieure, permet de maintenir le vide produit et d'enlever la pompe. L'instrument reste alors fixé sur la mamelle, emprisonnant le mamelon.

Veut-on le détacher, on ouvre le robinet et la cupule se sépare d'elle-même.

Certes, cela vaut mieux que la bouteille chaude ou la grosse ventouse dont on fait usage en pareil cas ; pourtant je dois avouer que cette entreprise n'a pas répondu à mon attente. Tout marche bien tant que dure l'opération : le mamelon s'allonge, occupe toute la cupule et promet un résultat magnifique......... Mais, donnez accès à l'air et quelques instants se sont à peine écoulés que l'état des choses redevient ce qu'il était tout d'abord. C'est un véritable travail de Sisyphe.

J'ai multiplié, prolongé les séances, et rien n'a été modifié d'une façon notable. L'essai a été renouvelé et jamais le moindre succès n'a couronné mes efforts. Cet instrument ne possède à mes yeux qu'un seul avantage. Dans les premiers temps de l'allaitement, on peut s'en servir pour préparer le mamelon avant de l'offrir à l'enfant qui se chargera de compléter l'allongement un peu à la fois. Aussi en ai-je réservé l'emploi uniquement pour cette époque.

L'enseignement que j'ai recueilli de toutes ces tentatives infructueuses, m'a décidé à ne jamais conseiller à une mère de nourrir quand les mamelons sont très-courts. Se livrer lorsque même à cette fonction, c'est se créer beaucoup de souffrances et d'ennuis, pour aboutir, après tout, à la nécessité de prendre une nourrice.

En effet, tous les autres artifices, capuchons en plomb, en cire, en gomme élastique, etc., voire même le tire-mamelon en caoutchouc et ivoire, si simple et si ingénieux, de M. Mathieu, doivent être selon moi rangés dans la même catégorie que l'instrument dont je viens de vous entretenir. Ils ne font pas de mamelons aux femmes qui en sont dépourvues.

Après cette digression, à laquelle l'importance de cette anomalie m'a entraîné, je ne pense pas pouvoir me prononcer définitivement.

Toutefois, et en laissant de côté ce qui concerne spécialement les crevasses, il est prudent de ne pas avoir de corset trop serré, ne fut-ce que pour laisser liberté pleine et entière au développement des mamelles, siége déjà d'un afflux très-manifeste.

Lorsqu'on s'est assuré de la dimension normale du mamelon, il reste à le disposer méthodiquement à son futur ministère, c'est-à-dire à l'affermir et à lui enlever son excès de sensibilité si nuisible en pareille circonstance. Sous l'inspiration et le patronage de mon illustre maître M. le professeur P. Dubois, j'ai expérimenté autrefois, à la Clinique d'accouchements de Paris, beaucoup de substances dans le but de résoudre ce problème intéressant, et j'en suis arrivé à la conclusion suivante :

De tous les astringents, le rhum est celui qui paraît le plus propre à durcir le mamelon, tout en ne portant point préjudice à son élasticité. Les autres, tels que le tannin, la ratania, etc., provoquent un retrait exagéré de cet organe qui ne s'allonge plus désormais sans se fendiller, ce qu'il faut surtout éviter.

Je vous engage donc, Madame, à pratiquer tous les jours, matin et soir, pendant au moins un quart d'heure chaque fois, des lotions avec une éponge imbibée de rhum.

Vous aurez soin, en même temps, de saisir le mamelon entre deux doigts ou à l'aide de l'éponge, et vous le titillerez dans les différents sens, en opérant sur lui de légères tractions. Si vous négligez cette précaution, plus tard l'enfant n'y mettra pas autant de ménagement, et trouvant l'appareil en mauvais état, il pourra par son avidité y occasionner des désordres. Cette opération a aussi pour avantage d'émousser la sensibilité du mamelon, si prononcée parfois que certaines femmes n'ont pas la force d'endurer les premiers efforts de succion du nouveau-né.

J'insiste sur ces détails, qui sont du cadre des mesures préventives, car le traitement proprement dit, bien que très-riche en expédients de toute nature, ne m'a jamais réussi d'une manière satisfaisante.

Nous causerons de ce traitement en temps et lieu.

Quelques mots encore, Madame, et je termine cette lettre.

S'il faut en croire certains auteurs, le lait se montrerait plus abondant quand les mamelles sont soumises fréquemment au contact de l'air extérieur et j'ai fait de mon côté la même observation.

Voyez, en effet, les femmes de la campagne, celles du peuple, les nourrices, qui, loin de se gêner et de se cacher, donnent publiquement le sein à leurs nourrissons. Par cet acte, elles découvrent leurs mamelles tous les jours environ pendant une heure ou deux; aussi constatons-nous qu'elles ont en général beaucoup de lait.

D'ailleurs, sans conclure directement d'un fait à un autre, mais en raisonnant par simple analogie, que prescrivons-nous lorsque nous voulons arrêter la sécrétion du lait ?... Nous employons la chaleur, et nous appliquons sur la poitrine, cataplasmes, ouate, flanelle et taffetas gommé. C'est-à-dire que par cette concentration du calorique, nous poussons jusqu'à l'exagération les soins qu'observe la mère-nourrice, pour se garantir de la moindre fraîcheur.

Une dernière remarque à l'appui de cette opinion.

Le matin à leur toilette, beaucoup de femmes sentent le lait s'échapper spontanément, les seins étant alors légèrement à nu. Cela ne prouve-t-il pas une fois de plus la bienfaisante influence de l'air, dont j'ai parlé longuement en traitant de l'hygiène générale de la femme enceinte ?

Vous n'oublierez donc pas d'avoir recours, dans une mesure raisonnable, à cette excitation salutaire.

Mais il est bien entendu que cela ne devra se faire que dans un milieu convenablement chauffé, si c'est en hiver, afin que la santé n'en éprouve aucun dérangement.

Daignez agréer, etc.

« On écrirait facilement un volume tout entier sur
» la manière de diriger et de surveiller les fonctions
» digestives des enfants, tant les erreurs répandues à ce
» sujet sont nombreuses et frappent continuellement
» l'attention de l'observateur. »

(Dr BERGERET, p. 112.)

« Plus de la moitié des enfants, qui meurent dans
» les premiers mois de leur naissance auraient vécu,
» nous osons le dire, si les tendres soins dont ils ont été
» l'objet leur avaient été donnés avec ce discernement
» que l'inspiration maternelle seule ne révèle pas tou-
» jours et qu'il faut demander à la science. »

(Dr DÉCLAT, p. 15.)

« N'ayant pas une idée nette de leurs devoirs ni de ce
» qui convient réellement à l'enfance, les jeunes mères
» flottent incertaines entre les inspirations de leur zèle
» et les conseils contradictoires qui leur arrivent de toute
» part. »

(DONNÉ, p. 31.)

« Certains accoucheurs, obéissant à des idées systé-
» matiques erronées, prétendent tenir les femmes à la
» diète la plus absolue. L'inflammation avec son redou-
» table cortége se dresse constamment devant eux : le
» moindre bouillon leur porte ombrage. Ils espèrent sans
» aucun doute empêcher la fièvre et obvier à toute per-
» turbation morbide. Dans le peuple on tombe dans un
» excès contraire. »

(Dr GUIET, p. 239.)

« L'allaitement pratiqué de bonne heure est le plus sûr
» moyen de prévenir la fièvre de lait et de faciliter son
» abord vers le sein. »

(Dr LÉGER, p. 125.)

ONZIÈME LETTRE

De l'Allaitement maternel. (*Suite*.) — **Ses débuts.**

MADAME,

L'heureux événement que votre famille, vos amis, et permettez-moi de me compter au nombre de ces derniers, attendent avec une si juste impatience, nous allons le supposer accompli...

Vous êtes mère et votre cœur a tressailli aux premiers cris du nouveau-né ; il a ressenti des joies jusqu'alors inconnues. Vous n'avez plus songé à vos douleurs. Tout est oublié !

Votre unique pensée est à cet autre vous-même, et votre sollicitude s'en inquiète aussitôt, en nous demandant les soins qu'il réclame et la nourriture dont il a besoin. Nous allons, Madame, satisfaire à vos désirs, aussi complètement qu'il nous sera possible.

Pour ne pas interrompre l'histoire de l'allaitement maternel, j'épuiserai d'abord cette question. Nous verrons ensuite tout ce qui concerne l'allaitement artificiel et l'allaitement par les nourrices ; enfin je me réserve, pour terminer, de décrire la toilette, les vêtements, le berceau, en un mot l'hygiène de l'enfant à sa naissance.

Continuons donc l'allaitement maternel.

C'est à cette période si intéressante de sa vie, qu'une jeune mère, Madame, doit se féliciter d'avoir sa route bien tracée à l'avance et de ne pas être abandonnée aux caprices et à l'inexpérience d'un entourage dont l'unique mérite se résume souvent en de bonnes intentions.

Ce guide ne vous manquera pas, si, comme je l'espère, vous avez su profiter de l'enseignement dont votre bienveillance m'a confié la direction.

Je pense aussi que Charles, comprenant ses

devoirs de père et de mari, veillera à ce que les recommandations de votre accoucheur soient rigoureusement observées. De cette manière, il le secondera puissamment dans l'exercice de son ministère. La vie de votre enfant sera placée sous cette double tutelle.

Par faiblesse, ou par excès de complaisance, l'appui moral du mari nous est quelquefois refusé et le hasard vient nous démontrer que personne, dans la famille, n'a fait cas de nos prescriptions.

Je ne saurais blâmer trop sévèrement mon ami, s'il se rendait coupable d'une pareille faute.

Pourquoi, en somme, le monde cherche-t-il à nous tromper ainsi? Se croit-il plus autorisé et plus expérimenté que nous ? Chacun son métier est cependant une vérité dont chaque jour confirme la sagesse. D'ailleurs, quel est le plus intéressé à l'issue favorable du mode alimentaire employé pour le nouveau-né? Est-ce le Médecin, est-ce la famille? La réponse n'est pas douteuse.

Quelle que soit en effet la satisfaction que nous éprouvons à voir se développer parfaitement un bel enfant que nous avons reçu, jamais cette impression, en l'exagérant même, ne pourra être comparée au bonheur de la mère qui contemple son nouveau-né riche de couleurs et de santé.

C'est donc à l'amour des parents, au cœur des mères que nous faisons appel. Notre parole serait-elle méconnue, nos conseils dédaignés ? Je ne le crois pas. Je dirai au contraire avec M. le D^r Le Barillier : « J'ai été trop souvent témoin de la » sollicitude et du dévouement maternels pour ne » pas reconnaître de quels soins affectueux les » enfants sont entourés ; mais ces soins ont sou- » vent besoin d'être éclairés et souvent aussi » l'exagération du devoir maternel a ses incon- » vénients. »

Non, aujourd'hui comme autrefois, comme toujours, ces sentiments trouvent au sein des fa- milles une sève luxuriante, mais il est urgent qu'ils soient mieux dirigés et mieux appliqués.

Il appartient aux accoucheurs d'éclairer ceux qui ignorent et de convaincre ceux qui doutent, en leur montrant le but véritable de la nature. Il doit peu leur importer qu'on accueille avec incré- dulité, défiance, mauvaise humeur même, leurs avis et leurs prières ; il faut avant tout que leur mission s'accomplisse.

La jeune mère les remerciera ensuite de l'a- voir arrêtée sur la pente de l'abîme où elle était entraînée. Et puis, leur principal mobile n'est-il pas la voix de la conviction et du devoir qui ne se tait jamais ?

Si je vous parais, Madame, appuyer beaucoup sur ce point, c'est que des préjugés fâcheux et absurdes nt cours précisément au sujet de la première nourriture du nouveau-né.

« A peine l'enfant est-il sorti du sein de sa
» mère que l'erreur, cette reine du monde, s'em-
» pare de lui et le soumet à son empire. » (D^r BER-
GERET.)

Une routine aveugle a pu seule répandre ou
tolérer ces coutumes nuisibles : la saine pratique
les rejette de son répertoire.

La tisane d'orge, le lait, l'eau rougie, voire
même le vin pur, sont liquides en renom auprès
des gardes. Quant à moi, je recommande un
breuvage très-simple, de l'eau sucrée un peu
tiède contenant une légère quantité d'eau de
fleurs d'oranger. Cette boisson suffit en ce moment.

Elle soutient assez comme aliment, et tout en
préparant l'exercice de la *déglutition*, elle fait
disparaître les mucosités qui peuvent rester encore dans la bouche et dans le pharynx. Voilà
pour les premiers instants de la vie.

Pendant ce temps, la mère changée de lit après
la délivrance se repose ; à son réveil, c'est-à-dire
cinq ou six heures environ après l'accouchement,
je prescris à la garde de mettre l'enfant au sein.

Ma conduite en pareil cas a eu souvent la bonne
fortune de provoquer le rire sceptique et moqueur
de ces aides-de-camp en jupons que l'usage nous
a donnés. « Mais, Monsieur, nous dit-on, il n'y
» a pas encore de lait ; il n'y en aura que dans

» trois jours. Il est donc inutile de fatiguer Ma-
» dame et l'enfant. »

Au risque de fatiguer aussi la garde, et contrairement à son avis, je maintiens ma prescription.
En voici les raisons :

Pendant une certaine durée de la gestation, la
nature a accumulé dans l'intestin du fœtus, une
matière noirâtre, visqueuse, appelée *méconium*
et qu'on désigne vulgairement dans mon pays
sous le nom de *savon* à cause de sa ressemblance
avec le savon noir.

Aux coliques occasionnées par le voyage du
méconium à travers le tube digestif, des gardes
veulent opposer le sirop de laitue. D'autres trouvent que le sirop de chicorée a le mérite de tran-
cher plus rapidement les difficultés en donnant
lieu à une vigoureuse expulsion.

Eh ! bien, Madame, je crois que dans l'immense
majorité des cas, c'est faire de la médecine en
pure perte. On irrite ainsi bien gratuitement et
l'on s'expose à compromettre pour l'avenir les
organes si délicats du nouveau-né.

« Depuis longtemps, dit M. le docteur Bergeret,
» nous proscrivons de notre pratique tous ces
» remèdes destinés à faire rendre le méconium
» et qui ne servent qu'à tourmenter les enfants :
» nous avons toujours vu ceux-ci se suffire par-
» faitement à eux-mêmes. » (P. 144.)

Pourquoi ne pas demander à la nature ce qu'elle

a précisément disposé pour cela ? Je veux parler du *colostrum*. En effet jusqu'au troisième jour le lait n'est point émulsionné, et il offre dans cet état des propriétés laxatives assez énergiques pour chasser le méconium.

Ce motif n'est pas le seul qui m'engage à faire présenter le sein à l'enfant peu d'heures après l'accouchement.

En effet, si l'on attend la fin du troisième jour, il survient une complication. La glande, remplie de lait, est tellement gonflée que le mamelon raccourci et déprimé rend la succion impossible.

Les vaisseaux eux-mêmes qui conduisent le lait, étant pleins outre mesure, exigent pour la mise en train une force dont le nouveau-né est souvent incapable. On dit alors qu'il ne peut *rompre les fils*.

Il vaut mieux que l'enfant s'habitue progressivement à tirer le mamelon de manière à l'allonger. Du reste son noviciat, même dans ces conditions, est souvent encore assez pénible et je lui viens en aide en faisant intervenir ma petite pompe ou la bouche d'un adulte.

Enfin, si l'on empêche la mère de nourrir avant le troisième jour, on est presque sûr de voir apparaître la fièvre de lait, causée probablement par le gonflement exagéré des mamelles.

En suivant au contraire l'autre méthode, celle qui est maintenant adoptée, on évite la fièvre

dans la plupart des cas, ou l'on n'a tout au plus
à constater qu'un malaise insignifiant. Cela tient à
ce que le lait est enlevé dès qu'il est formé, et ne
séjourne plus dans les mamelles.

Quelques mots sur la manière dont la jeune
mère devra s'y prendre pour donner le sein, me
semblent avoir aussi leur utilité pratique. Presque
toujours la femme s'assied : cette position est fatigante, parce que la station assise prolongée et le
poids des seins remplis de lait déterminent des
douleurs dans le bas-ventre, dans le dos, et
occasionnent même quelquefois de légères défaillances.

Il y a un moyen de prévenir ces accidents et il
est surtout applicable au début de l'allaitement.
La femme se couche sur le côté, et l'enfant, étendu
sur un bras, est amené par lui vers la poitrine.
Mais ce procédé n'est pas sans inconvénient. En
faisant têter, la nuit, il est des femmes qui ne
sauraient résister au sommeil et qui s'exposent
ainsi à de grands malheurs. On a trouvé en effet
des nourrissons étouffés près de leurs mères. Or,
on le conçoit, ce danger n'est pas à craindre
quand la mère est assise.

Que vous choisissiez l'un ou l'autre mode d'allaitement, rappelez-vous, Madame, que pendant la
succion, l'enfant respire uniquement par le nez.
Il faudra donc que celui-ci soit maintenu tout à
fait libre. Pour cela, de la main opposée au sein

que vous présenterez au nouveau-né, et en vous servant du médius et de l'index, déprimez la glande au-dessus et au-dessous du mamelon.

De cette manière, non-seulement vous établirez autour des narines une couche d'air suffisante pour la respiration, mais vous allongerez la région voisine du mamelon, *l'aréole*, et vous la rendrez plus conique, forme particulièrement favorable à la succion. Vous obtiendrez le même résultat en pressant le sein au dessous du nez, à l'aide d'un ou de deux doigts.

Quand, au contraire, les narines sont appliquées contre la glande, l'enfant asphyxié se hâte de quitter le mamelon, et la mère inquiète ne sait à quoi attribuer cette retraite.

Elle ne doit, vous le voyez, en accuser que son inexpérience.

Je compléterai ici en quelques lignes la série des précautions dont il faut s'entourer quand on veut se préserver des crevasses.

Dès que l'enfant a fini de téter, la mère lave le bout du sein avec une éponge humectée d'eau, et l'essuie très-doucement ensuite, en employant pour cela un linge très-fin, de la batiste par exemple. On empêche ainsi la salive de l'enfant et le lait de séjourner dans les sinuosités naturelles du mamelon.

Ces lésions si difficiles à guérir n'ont quelquefois pas d'autre origine.

7

Beaucoup de femmes vont encore au devant des mêmes accidents, en contractant la mauvaise habitude de recourir à la force pour retirer l'enfant du sein. Elles ne font que tirailler les tissus sans rien gagner : l'enfant ne lâche point prise.

Il est préférable, dans ce cas, de s'adresser aux besoins de la respiration imposés au nouveauné. On lui serre un peu le nez et l'on profite du moment où il ouvre la bouche pour enlever le mamelon de ses lèvres.

Avant de quitter ces débuts de l'allaitement, je dois vous signaler un point différentiel entre la pratique de quelques médecins et celle qui compte aujourd'hui le plus de partisans. Je veux parler du régime de l'accouchée.

On ne laisse plus la femme à la diète pendant trois grands jours, en ne lui permettant que la tisane, l'orgeat ou le bouillon de veau, substances peu propres à relever ses forces. Elle est nourrie, au contraire, peu de temps après sa délivrance ; modérément il est vrai, mais elle prend néanmoins, dans l'espace de vingt-quatre heures, deux potages et du bouillon. En prévision de la fièvre de lait, on n'autorise, après la quarante-huitième heure, qu'une tasse de bouillon et même on prescrit une diète absolue.

Il m'arrive cependant, en l'absence de tout mouvement fébrile, de donner des potages dans le courant de la journée.

Aussitôt après l'époque probable et ordinaire de cet orage physiologique, c'est-à-dire le quatrième jour, je reviens par degrés à une alimentation plus substantielle.

Cette pratique est très-avantageuse pour la mère, qui supporte plus aisément les premières fatigues de l'allaitement et qui se remet aussi plus vite de la débilité produite par l'accouchement lui-même. Double résultat qui ne peut être que favorable à la lactation et partant à la santé du nouveau-né.

A ma prochaine lettre, Madame, la continuation de l'allaitement maternel.

Daignez agréer, etc.

« Pauvres mères qui pleurez vos enfants perdus, com-
» bien votre douleur serait plus grande et vos regrets
» plus poignants encore, si vous pouviez vous soupçon-
» ner de n'avoir pas tout fait pour prévenir le malheur
» qui vous afflige. »

(Déclat, p. 23.)

« En distinguant donc bien en lui la faim d'avec le
» besoin d'être distrait, on parviendrait peut-être à ré-
» gler le temps qu'il doit têter chaque jour. »

(Roussel, p. 290.)

« Les cris ne sont dans beaucoup de cas que des efforts
» pour mettre en jeu les forces du poumon. L'action de
» crier est presque l'unique mouvement qu'un enfant
» puisse se donner dans les premiers temps de la vie.
» Je trouve parfaitement juste le vieil adage populaire
» qu'il y a peu de fonds à faire sur les enfants qui ne
» crient point. »

(Hufeland, p. 480.)

« L'enfant veut obtenir une chose, il crie, c'est sa
» première façon d'exprimer sa volonté. On s'empresse
» en général de le satisfaire ; son instinct, car alors
» l'instinct agit seulement en lui pendant ces limbes de
» l'intelligence, s'empare de ce moyen et en use avec
» prodigalité. »

(Mme Molinos-Laffite, p. 22.)

« La plupart des entérites qui tuent les enfants nou-
» veau-nés viennent de l'abus du sein. »

(Dr Foucart. *Gazette des hôp.*)

« Les seins trop fréquemment excités perdent leur
» énergie et la mère elle-même épuisée bientôt par un
» allaitement aussi mal dirigé, par une dépense exces-
» sive de forces et de liquides, est contrainte de renon-
» cer à nourrir. »

(Dr Léger, p. 166.)

DOUZIÈME LETTRE

De l'allaitement maternel. (*Suite*.)
Régularité qui doit y présider.

SOMMAIRE. — Les familles méconnaissent ce principe ou le négligent à plaisir — Résultat fâcheux. — Le cri de l'enfant n'est pas toujours causé par la faim. — Il doit manger souvent, mais non sans mesure. — Tableau de la pratique ordinaire tracé par M. Caron. — Le sein sera donné toutes les deux heures. — Combien de temps il faut y laisser l'enfant. — Précautions pour la nuit. — Opinion de MM. Donné et Bergeret. — Un sommeil tranquille est très-profitable à la mère et à l'enfant. — La patience et la fermeté font des prodiges.

MADAME,

La lettre que j'aurai l'honneur de vous adresser aujourd'hui, traitera le point capital de l'allaitement. Vous l'aurez pressenti assurément, en lisant les épigraphes que j'ai multipliées avec intention. Je vais vous parler de la *régularité* qui doit présider au régime du nouveau-né.

L'aveuglement des familles dépasse à cet égard

toutes les limites possibles. Il semble vraiment qu'on se fasse un jeu, un bonheur de remplacer ici l'ordre par le chaos. Les malheureuses mères sans expérience, mal conseillées, trop faibles souvent aussi, s'y prêtent, pour la plupart, avec une déplorable facilité.

Plus tard, à bout de leurs forces et contraintes de s'arrêter en route, elles déplorent la mauvaise voie dans laquelle elles sont entrées. Heureuses encore, lorsque cette violation de toutes les règles n'a pas amené le dépérissement de leur enfant et que leur navrante douleur n'a pas à contempler « ces simples funérailles où un petit cercueil » renferme dans une révoltante antithèse la nais- » sance avec la mort. » (DÉCLAT.)

Et cependant nos conseils ne leur manquent point. C'est la pensée dominante de tous les auteurs qui ont écrit sur l'allaitement du nouveauné ; elle se retrouve sous toutes les formes dans ces ouvrages spécialement destinés aux mères.... et que les mères ne lisent jamais.

Chaque page nous fournit une variante de ces précieux avertissements, et je n'aurais, Madame, que l'embarras du choix pour vous en citer.

Il ne se passe pas de jour que l'accoucheur consciencieux, vraiment pénétré de sa mission et décidé à réprimer les abus, ne trouve sur ce terrain nouvelle matière à représentations, voire même à discussions.

« Mais, Monsieur, l'enfant crie : il faut bien
» lui donner le sein. » Tel est le refrain général : vous ne partagerez point, Madame, cette
erreur.

Chez l'enfant, le cri remplace la parole de
l'homme. Comme elle, il a ses nuances, ses
expressions ou ses significations diverses. C'est
à notre sagacité de saisir et de distinguer les différences.

N'allez pas croire surtout, Madame, que le cri
de l'enfant soit constamment le signe de la souf-
france, car ce serait l'assimiler tout à fait à un
adulte.

Bien loin de là, des physiologistes et des médecins tiennent cette manifestation bruyante de
l'existence pour indispensable au développement
de la poitrine et par suite à la santé du nouvel
être. Ils la considèrent comme une espèce de
gymnastique naturelle.

L'enfant qui crie n'a pas toujours faim ; tantôt
il veut changer de place, quitter son berceau, être
agité, voir la lumière, ou bien il est dans des
langes mouillés, etc., etc.

Quelquefois il veut tout simplement qu'on s'occupe de lui, et qu'on lui procure quelque distraction. Prenez-le et il se taira.

Tous ces besoins si opposés, ces mille facettes
de l'intelligence humaine encore à son aurore,
n'ont qu'un même langage.

Il ne s'ensuit pas que le sein soit le remède universel, la panacée unique pour chacun de ces caprices ou de ces désirs.

Et cependant, c'est presque toujours à lui seul qu'on à recours.

« Souvent, dit M. Bergeret, le nourrisson crie
» parce qu'il a déjà l'estomac trop chargé, les
» intestins distendus par les vents ou irrités par
» le lait qu'il a pris de trop et qui s'est aigri dans
» son ventre ; c'est égal, on lui donne encore le
» sein pour l'apaiser : ce remède est tout prêt,
» c'est plus commode. » (P. 107.)

L'enfant croissant continuellement doit perdre peu et réparer souvent, cela est incontestable ; et nous avons déjà vu en parlant du lait que les principes constituants de ce liquide, répondent à cette nécessité physiologique.

Mais en conclurons-nous que l'appareil digestif du nouveau-né est condamné à fonctionner sans relâche ? Eh quoi ! l'estomac d'un homme fort et bien portant succomberait à pareille besogne et l'on prétendra que les membranes si minces et si faibles du premier âge, en soient capables.

D'ailleurs, procéder ainsi sans ordre, au hasard, ne prendre pour règle de conduite que la très-inégale périodicité des cris de l'enfant, c'est méconnaître les lois de la nature, c'est bouleverser toutes les notions acquises sur la science de la vie.

« Il est certain qu'en toute chose, l'organisation
» s'accommode bien de la régularité, ainsi qu'elle
» le témoigne par le retour régulier de ses actes
» et par les habitudes qu'elle contracte à l'é-
» gard de beaucoup de ses fonctions. » (DONNÉ,
p. 172.)

Pourquoi donc ne pas observer pour les premières heures de l'existence cette sage réserve
que la raison nous enseigne dans l'intérêt de notre
santé, à une époque où la volonté peut nous servir de guide ?

Aussi quel triste spectacle que cette folle direction du régime, adoptée par la plupart des
mères !... Mais, faut-il les accuser réellement de
ces fautes ? Non, leur ignorance seule est coupable.

Elles obéissent tout simplement à l'impulsion de
leur cœur, impulsion qui leur paraît bonne et
louable, tandis qu'elle les entraîne, avec leur enfant, à une perte inévitable.

Un membre de la Société de Médecine pratique
de Paris, M. le Dr Caron, auteur du *Code des Mères*,
a tracé sur ce sujet un tableau d'une exactitude
parfaite.

Je ne puis certainement mieux faire que de le
laisser parler lui-même.

« L'enfant se réveille, son maillot est souillé
» des déjections naturelles, après une nuit des
» plus paisibles ; son premier cri est pour té-

» moigner de la gêne qu'il éprouve dans cette
» humidité.

» Vous croyez peut-être que la nourrice va
» commencer par le nettoyer ; non, son premier
» mouvement, dans l'intention de faire cesser les
» cris, sera de lui donner à têter, puis elle pen-
» sera à le nettoyer. Mais comme cette opération,
» qui n'a rien de plaisant pour ce petit être, l'im-
» patiente et le contrarie essentiellement, on
» l'apaise en lui donnant de nouveau à boire.

» La toilette terminée, un pli de ses vêtements,
» une épingle ou toute autre cause, produisant
» une contrainte quelconque à la liberté de ses
» mouvements, l'enfant ne saurait témoigner de
» malaise que par de nouveaux cris ; nouvelle oc-
» casion pour la nourrice de rendre à l'enfant
» un sein dont le lait n'a point eu le temps de
» s'élaborer.

» Elle vient ainsi, de propos délibéré, accumu-
» ler dans l'estomac de son élève une quantité
» disproportionnée de principes alimentaires dont
» l'enfant ne manque pas de se débarrasser par
» le vomissement ; nouvelle circonstance qui ne
» contribue pas moins à l'irriter et à lui arracher
» des cris auxquels la nourrice ne trouve d'autre
» remède que dans une nouvelle et perpétuelle
» présentation du sein.

» En bonne conscience, l'estomac le plus ro-
» buste ne saurait y résister. Aussi voit-on ces

» pauvres enfants sous le coup d'indigestions
» permanentes, s'étioler de jour en jour et con-
» tracter une prédisposition évidente à la produc-
» tion de toutes les affections particulières à cet
» âge, tout en étant en apparence dans les meil-
» leures conditions, c'est-à-dire confiés aux soins
» d'une nourrice pourvue de belles mamelles,
» jouissant elle-même de tous les attributs que
» l'on recherche chez les femmes de ces con-
» ditions. » (Dr CARON. *Gaz. des Hôp.*, 1858,
p. 566.)

Le récit qui précède ne regarde pas seulement
les nourrices, il s'applique encore dans tous ses
détails à l'allaitement maternel. Voilà l'histoire de
tous les jours.

Aussi ce petit drame se trouve-t-il constamment
sous la plume de ceux qui ont à parler de l'alimentation du nouveau-né. Les termes peuvent
varier, mais les scènes ne changent point.

Nous avons beau faire valoir notre expérience,
invoquer l'autorité si respectable des Maîtres, citer des exemples, assombrir même un peu l'exposé des résultats sinon probables, du moins possibles, en ménageant toutefois le moral d'une
mère... Rien n'y fait.

On ne nous écoute pas, on rit de nos craintes
puériles, on s'étonne de notre ténacité ridicule et
nullement fondée, on se retranche derrière quelques rares exceptions ; on va même parfois jus-

qu'à blâmer notre plaidoirie qu'on trouve auda-
cieuse et déplacée parce qu'elle est franche et sincère ; on paie enfin d'ingratitude et de dédain
notre généreuse intervention en faveur du nouveau-né ; et l'on persiste dans ces funestes réso-
lutions.

Ce n'est pas tout ; si par hasard la bonne étoile
du pauvre enfant lui a permis de supporter, sans
trop en souffrir, ce lourd fardeau alimentaire,
oh! alors on crie victoire et l'on proclame partout la fausseté de nos prédictions.

Croyez-le bien, Madame, quand ce dénoue-
ment inespéré arrive, nous sommes les premiers
à nous en réjouir, mais, comme ce ne sont que
des cas très-rares, nous ne pouvons en tenir
compte dans la pratique.

Si, au contraire, nos prévisions ne se sont que
trop réalisées, si l'étiolement de l'enfant fait pré-
sager une fin prochaine, on vient tout en pleurs,
nous supplier de rendre le petit ange à la santé,
à la vie. Malheureusement il est souvent trop
tard ; les secours de la médecine et de la pharmacie sont impuissants à réparer de tels désordres,
et le martyrologe des nouveaux-nés compte
bientôt une victime de plus.

Je vous demande pardon, Madame, de vous
faire assister à des épisodes presque lugubres,
mais, en historien fidèle, je vous dois la vérité
sans aucun détour ; d'un autre côté, en qualité

de pilote désireux de vous voir arriver au port, je veux vous montrer tous les écueils, afin que vous puissiez plus facilement les éviter.

Avertie, comme vous l'êtes, des dangers que cette pernicieuse et détestable routine peut avoir pour votre enfant, vous la fuirez, je n'en doute pas, et si vous suivez la marche que je vais vous indiquer, vous n'aurez qu'à vous louer de votre détermination.

Vous donnerez le sein avec une sage mesure, toutes les deux heures par exemple. Dans l'intervalle, si l'enfant crie par trop, vous chercherez à le calmer en lui administrant quelques cuillerées à café d'eau sucrée additionnée d'un peu d'eau de fleurs d'oranger. C'est un moyen fort innocent de le distraire, sans fatiguer son estomac.

Il est difficile de fixer exactement le temps pendant lequel l'enfant doit rester chaque fois au sein. En effet, certains nourrissons ont l'habitude de téter sans interruption ; d'autres, au contraire, se reposent par moments, tout en conservant le mamelon dans la bouche. Evidemment il est nécessaire que ces derniers soient maintenus au sein plus longtemps.

Une moyenne de dix à quinze minutes en général nous paraît une durée convenable.

Quand on juge que le nouveau-né a tété suffisamment, on le force à abandonner le mamelon et je vous ai dit dans ma dernière lettre comment on y parvient.

Il est aussi des précautions à observer pour la nuit. Le soir, l'enfant sera mis au sein le plus tard possible, vers dix ou onze heures, et vous attendrez jusqu'à cinq ou six heures du matin au moins avant de le lui présenter de nouveau. S'il est trop exigeant, vous userez d'un petit stratagème, en lui offrant une légère décoction de graine de lin, boisson très-saine et très-rafraîchissante. Le nourrisson ne lui trouve pas d'attrait quand on a soin de ne pas la sucrer; de sorte qu'au bout d'une nuit ou deux, il ne s'éveille plus ou bien il se rendort beaucoup plus vite. Je me suis parfaitement trouvé de ce moyen bien simple recommandé, si je ne me trompe, par un des médecins les plus distingués de Paris. De cette manière, vous n'aurez pas moins de quatre à cinq heures de sommeil. Or, sachez-le bien, Madame, pour être bonne nourrice, il faut bien digérer et la digestion sans sommeil n'est jamais qu'un travail incomplet.

Ecoutez MM. Donné et Bergeret si compétents en pareille matière :

« Il est indispensable qu'une nourrice répare
» la déperdition qu'elle fait chaque jour et c'est
» dans la nourriture et dans le sommeil qu'elle
» doit puiser les forces et les substances néces-

» saires à l'alimentation de son enfant. « (Donné,
p. 50.

« Rien n'épuise plus les femmes et n'altère
» autant leur santé que ces mauvaises nuits, du-
» rant lesquelles leur sommeil est interrompu
» à chaque instant par la nécessité de donner le
» sein. » (Bergeret, p. 138.)

Du reste, l'enfant lui-même a également besoin
de sommeil et il est prudent de l'habituer à ne pas
trop se réveiller la nuit.

A vous entendre, Docteur, me direz-vous, tout
cela se règle comme une horloge ?

Pas tout à fait, Madame, mais seulement, soyez-
en sûre, la patience et la fermeté font des prodiges.

« L'enfant au berceau, a dit Capuron, est une
» cire molle qu'on façonne comme on veut. »
(P. 275.)

C'est une pensée très-juste qui devra toujours
être présente à l'esprit d'une mère.

D'ailleurs, ne croyez pas qu'on arrive à ces heureux résultats en quelques jours. Loin de là.
J'accorde même que dans la première huitaine,
l'abondance du lait vous gênera assez pour que
vous soyez obligée de faire téter votre enfant un
peu plus souvent.

Mais en procédant graduellement, sans concession, sans faiblesse, vous atteindrez aisément le
but proposé.

Voilà l'allaitement établi : dans notre prochaine causerie, nous en étudierons les effets tant sur la mère que sur l'enfant.

Daignez agréer, etc.

« Une alimentation prématurée est la source d'un grand
» nombre d'incommodités et de maladies.

» La nécessité de ménager la mère peut seule autori-
» ser, dès le troisième mois, l'emploi auxiliaire du lait
» des animaux et des bouillies. En général il faut l'ajour-
» ner jusqu'au sixième mois. »

(Michel LÉVY. t. II, p. 140.)

« Quoique le terme de l'allaitement soit marqué par la
» nature même dans l'entière et parfaite éruption des
» dents, on peut l'avancer sans inconvénient en faisant
» succéder peu à peu le lait des animaux à celui de la
» nourrice et en accoutumant l'enfant par gradation à
» des aliments plus solides. Nous disons cela pour les
» mères qui n'ont pas beaucoup de lait ou pour qui une
» santé délicate rend le joug de l'allaitement trop oné-
» reux. »

(ROUSSEL, p. 290.)

« Je ne puis trop blâmer la funeste habitude de rem-
» placer cette boisson très-convenable (eau d'orge avec
» un cinquième au plus de lait de vache) et très-suffi-
» sante, par le lait de vache pur, par d'indigestes bouil-
» lies ou de nourrissantes panades, sous prétexte que
» l'enfant est fort. Ce préjugé déplorable qui, sottement,
» se raille de l'expérience du médecin, fait plus de vic-
« times qu'on ne pense. »

(Dr FONTERET, p. 196.)

« Si le tube digestif résiste à un excès de nourriture,
» à l'action d'un lait malsain, c'est la peau qui se couvre
» d'humeur et de croûte laiteuse avec gonflement des
» glandes du col. »

(RICHARD (de Nancy), p. 125.)

TREIZIÈME LETTRE

De l'Allaitement maternel. (*Suite et fin*).

Effets qu'il produit sur la mère et sur l'enfant.

SOMMAIRE. — L'allaitement n'est pas une affaire de courte durée. — Ce n'est qu'après le dixième ou le douzième mois que le sevrage est possible. — La jeune mère, mue par divers sentiments, se fait illusion, et malgré son état de faiblesse continue de nourrir. — Nécessité de la surveiller. — Lorsque la famille néglige de le faire, ce devoir incombe à l'accoucheur. — Différentes circonstances à examiner. — Si la mère est souffrante, observer strictement les préceptes de l'hygiène et la plus grande régularité dans l'allaitement. — Allaitement mixte si l'enfant se porte bien. — Sorties quotidiennes et bon régime. — S'occuper du nouveau-né. — S'assurer de son développement par la pesée. — Augmentation du poids de l'enfant qui vient de téter. — Accroissement par mois. — Examen des selles comme signe de santé. — Jusqu'à quelle époque une mère doit ne donner que son lait à son enfant. — Mauvaise méthode suivie le plus généralement en pareil cas. — Dangers pour le présent et pour l'avenir. — Conduite qu'il importe d'adopter. — Exception dont il faut tenir compte. — Confier l'enfant à une nourrice quand sa santé n'est point satisfaisante.

MADAME,

L'allaitement n'est pas une fonction de quelques jours ni même de quelques mois. On ne doit guère penser à sevrer un enfant avant qu'il ait atteint l'âge de dix mois, un an. Une mère ne saurait donc user de trop de précautions pour mener à bonne fin la charge que son cœur a acceptée.

Elle peut se faire illusion sur ses forces, ne parler à personne de ce qu'elle éprouve et même, soit par excès de zèle, d'amour maternel, soit par amour-propre, ne pas prendre garde à certaines défaillances, véritables avertissements qui donnent à réfléchir sur son aptitude à achever l'œuvre commencée.

J'ai dit par amour-propre, car tout en laissant la plus large part au sentiment de la maternité, il n'est pas le seul qui engage les jeunes femmes à entreprendre et à continuer de nourrir leurs enfants.

Le désir d'être à la hauteur de leur rôle, d'imiter, de surpasser même telle ou telle de leurs amies. pèse d'un grand poids dans leur décision première et dans leur persévérance. Et puis ici, comme partout, le respect humain exerce son fâcheux empire. Voici, par exemple, une mère qui a été spontanément au devant d'une tâche dont elle n'appréciait pas toute la portée ; elle croyait être libre de ne remplir qu'à demi ses fonctions de nourrice, tout en se ménageant néanmoins le bénéfice des apparences.

Et notez, Madame, qu'en cela elle agissait bien sincèrement, sans se douter qu'une pareille conduite jetterait peut-être le deuil sur le berceau de son enfant.

Un mois ou deux s'écoulent et elle se sent défaillir. Ira-t-elle reculer dès les premiers obstacles qu'elle rencontre? Non, car elle croirait manquer d'énergie, et elle ne veut pas que le monde l'accuse de légèreté. D'ailleurs, elle se figure aisément que ces accidents ne sont que passagers, et elle s'arme en conséquence d'un nouveau courage.

La famille qui a assisté aux débuts presque toujours heureux, ne se préoccupe plus de ce qui se passe ensuite. Aussi le devoir de l'accoucheur est-il de suppléer à cette négligence. Si la jeune femme lui paraît incapable de nourrir, il ne la perdra plus de vue, sans cependant lui laisser soupçonner la surveillance dont elle sera l'objet. Car la crainte de ne plus élever elle-même son enfant suffirait pour diminuer encore la sécrétion du lait.

J'ai donc l'habitude d'examiner par mes propres yeux et à certains intervalles l'effet que produit l'allaitement sur la santé de la mère et sur le développement de l'enfant.

Nous allons voir ensemble, Madame, les cas particuliers que cette espèce d'inspection tacite peut avoir à résoudre.

En vous initiant à tous ces détails, mon intention est de vous en démontrer toute l'importance ;

mais je n'entends nullement vous dispenser des
conseils de votre accoucheur.

Tout ce que je désire, c'est que vous rendiez sa
mission plus facile et partant plus utile, en préve-
nant ses questions et en lui communiquant tout de
suite les renseignements qu'il voudrait recueillir.

Ces observations devant intéresser votre mari
autant que vous-même, je recommande spécialement à Charles la lecture de ce passage.

L'état de la mère annonce-t-il une débilitation
prochaine, je renouvelle alors mes instances
pour qu'on observe rigoureusement les prescriptions relatives aux heures de l'allaitement, au
sommeil, etc.

Afin de rendre celui-ci plus complet, j'éloigne
toute cause d'interruption en engageant la famille
à mettre coucher le nouveau-né dans une autre
chambre en compagnie d'une personne de confiance.

Si, malgré la santé chancelante de la mère,
l'enfant ne paraît pas souffrir, que ses selles
soient belles, sa croissance normale, je cherche
simplement à obvier à l'insuffisance du lait maternel. En conséquence, la nuit, l'allaitement est
suspendu et le nourrisson boit un verre environ
d'un mélange contenant trois quarts d'orge ou de
gruau, pour un quart de lait de vache.

Ensuite, bien que conservant aux avis que je

donne un caractère de précaution plutôt que de nécessité absolue, j'ai recours à l'hygiène dont on néglige trop la précieuse influence.

Dans ces circonstances, comme pendant la grossesse, la femme doit sortir chaque jour, faire de courtes promenades en plein air. L'appétit sera plus prononcé ; les aliments seront mieux digérés et la lactation en profitera.

Cette pratique une fois suivie, la mère nourrice constatera par elle-même tout le bien qu'elle en retirera, et elle sera la première à reconnaître qu'il faut persister dans cette voie.

Aucune considération ne doit empêcher ces sorties quotidiennes ; toilette, manque de temps, soins exigés par l'enfant, etc., sont des motifs qu'on allègue souvent, mais qu'il faut toujours rejeter. On choisira le moment où le nouveau-né repose, ou bien on le laissera à la garde d'une bonne, d'une parente, et l'on se hâtera, vers le meilleur instant de la journée, selon la saison, d'aller prendre *un bain d'air* d'une demi-heure ou d'une heure au plus. Un temps par trop mauvais est le seul empêchement qui soit admissible.

L'alimentation, ainsi que nous l'avons dit plus haut, sera variée, et la femme ne se fera pas l'esclave des préjugés qui règnent à propos de l'influence de certains mets sur la production du lait. Nous avons réduit à néant toutes ces erreurs;

il n'est qu'un guide à consulter en pareil cas, c'est la digestion.

Aussi est-il nécessaire de respecter parfois certaines bizarreries de l'estomac. Pour ne citer qu'un exemple assez fréquent, il y a des femmes qui ne digèrent point le lait. Ce liquide devra donc être rayé de leur régime habituel.

Quand les fonctions digestives sont paresseuses, j'aide à leur accomplissement, et je provoque le retour des forces au moyen des amers, du vin de quinquina et des ferrugineux.

Ma surveillance ne s'arrête pas à la mère, sinon elle ne remplirait que la moitié de son mandat. Elle se préoccupe également du nouveau-né.

Un simple coup d'œil suffit à une personne exercée pour s'assurer si tout va bien. Il n'est pas nécessaire que l'enfant soit gros et gras ; il faut seulement que ses chairs, plutôt rouges que pâles, soient fermes et solides.

Cependant, comme le volume du corps marche de pair avec la santé, à cette époque de la vie, il est facile même à une personne inexpérimentée de vérifier presque mathématiquement si l'enfant tire un bon parti de sa nourriture.

Ainsi, d'après les recherches de M. Natalis Guillot, qui a fait peser des enfants avant et après la mise au sein, il y a chaque fois augmentation de 80 à 150 grammes et même 200 grammes.

Quand la différence n'atteint pas 80 grammes, l'allaitement est insuffisant.

Il y aurait enfin, d'après le même observateur, accroissement diurne de 50 grammes.

M. Donné, de son côté, avance que le poids d'un enfant de force moyenne, allaité par une nourrice ordinaire, croît environ de 500 grammes par mois jusqu'à six mois.

Vous serez moins étonnée de cette progression notable quand vous vous rappellerez, Madame, notre quatrième lettre où nous avons dit qu'une nourrice doit fournir dans les vingt-quatre heures environ un litre de lait à son nourrisson.

Vous voyez que la pesée peut, sans beaucoup de peine, vous donner la très-heureuse satisfaction de savoir si votre enfant est convenablement nourri.

Un autre moyen est encore à la disposition d'une mère qui désire surveiller l'état de son enfant. Je veux parler de l'examen des selles dont voici les caractères principaux :

1o Sont-elles d'un jaune bouton d'or, bien liées, et ressemblent-elles, passez-moi le rapprochement, à des œufs brouillés ? C'est un signe de bonne santé : tous les principes du lait sont bien élaborés et parfaitement digérés ;

2o Offrent-elles une teinte jaune moins foncée, et aperçoit-on çà et là quelques grumeaux blancs ou grisâtres, ayant l'apparence de lait caillé ou de

mastic. Cette particularité dénote une légère alté-
ration de la santé. L'élaboration des matériaux
nutritifs et leur digestion sont incomplètes. Le
caseum ou fromage du lait passe, sans être ab-
sorbé. La partie aqueuse entre seule dans l'économie. Or, comme le premier représente l'élément le plus riche et le plus nourrissant du lait,
il en résulte que l'amaigrissement du nouveau-né
ne se fait point attendre ;

3° Si les selles sont vertes, il ne s'agit plus
d'une indisposition, car cette transformation est
le signe avant-coureur d'une maladie des intestins. La mère doit faire appeler son médecin.

Le second cas est dû le plus souvent à une
alimentation exagérée. Le remède est facile à
appliquer : il faut éloigner les heures des repas.
De cette manière l'enfant ne boira plus autant, et
puis il tétera un lait qui aura séjourné plus longtemps dans les mamelles ; nous avons vu qu'il
était alors moins consistant et par suite moins
nutritif.

Admettons maintenant que l'allaitement ne
rencontre aucun empêchement sérieux et s'accomplisse normalement.

Jusqu'à quelle époque le lait de la mère com-
posera-t-il toute la nourriture de l'enfant ?

La réponse à cette question variera selon la
santé de la mère et celle du nourrisson, en s'ap-

puyant, néanmoins, dans la généralité des cas, sur la marche progressive de la dentition.

Malheureusement ce n'est pas là le mode de procéder accepté par les familles. Non contentes de donner à profusion et d'une manière irréfléchie le sein à leur enfant, il est des mères qui y ajoutent encore des soupes, des panades, prétendant que cette frêle créature a besoin de manger pour vivre.

Celui qui résiste à un pareil régime a fait ses preuves. Grâce à une complexion robuste, il a pu traverser ce mauvais pas et s'assimiler immédiatement des aliments destinés à un autre âge.

Parfois cette espèce de victoire n'est qu'apparente et momentanée ; l'avenir de l'enfant conservera les traces de cette première lutte. Mais ce triste avantage, quelque précaire qu'il soit, n'est même accordé qu'à un petit nombre, car la plupart de ceux qui sont soumis à cette expérimentation succombent avant peu, et alors viennent les regrets et les pleurs.

Et cependant, voyez jusqu'à quel point ces fausses idées sont enracinées dans l'esprit du monde.

En présence de ce spectacle affligeant, de ce déplorable résultat, on ne convient pas encore de la faute qu'on a commise involontairement ; on se refuse à la lumière, et l'on cherche à expliquer ce malheur par quelque raison absurde comme la qualité, l'*échauffement* du lait, etc. On se croit ainsi fondé à persister dans les mêmes errements, et à recommencer quand l'occasion s'en présentera.

Depuis des siècles les accoucheurs attaquent cette manie déraisonnable et meurtrière, et nous en sommes encore au même point qu'en 1540 et en 1772, lorsque Leuret et Deleurye écrivaient :

« L'usage de la bouillie a fait périr plus d'en-
» fants en bas-âge que toutes les maladies ensem-
» ble qui peuvent les atteindre. »

« Ne pourra-t-on donc jamais corriger les nour-
» rices de cet abus qui fait plus de victimes que
» le fer et le feu ? »

Sans aucun doute, il est des circonstances où ce sevrage anticipé est autorisé, indiqué même ; mais une pareille mesure ne doit jamais concerner un nouveau-né d'un mois, que dis-je, de quelques jours, comme cela se pratique trop souvent.

Si l'état de la mère et de l'enfant n'inspire aucune crainte, il ne faut pas se hâter de recourir à une nourriture plus substantielle, et l'on se bornera à faire prendre, la nuit, de l'orge lactée.

On attendra la sortie des premières dents.

Lorsque l'enfant se porte bien mais que la mère souffre de ses fonctions de nourrice, que sa santé périclite, on se voit quelquefois obligé de la soulager un peu vers un mois et demi ou deux, rarement avant cette époque.

Vous débuterez par l'*allaitement mixte*, c'est-à-dire par l'administration une ou deux fois la nuit et à peu près autant le jour, d'un liquide quelconque, gruau, eau panée, etc., additionné d'une faible dose de lait de vache. Déjà, au contraire, les mères s'empressent de prodiguer soupes et panades. Il est préférable de s'en tenir au mélange précédent dont on augmente graduellement la richesse. Cette boisson supplée à la pauvreté et au peu d'abondance de l'aliment maternel, mais il ne faut pas oublier que cette particularité nécessite une surveillance très-active de tous les instants de la part de la famille, afin que l'enfant ne soit pas à son tour victime de ce nouveau régime.

Aussi les précautions énoncées plus haut devront-elles être d'autant mieux observées que le développement du jeune nourrisson laissera plus à désirer.

Telle est la conduite à suivre en général jusqu'à l'apparition des dents, c'est-à-dire pendant cinq ou six mois en moyenne. A cet âge, l'enfant mangera matin et soir trois ou quatre cuillerées de panade ou de soupe très-claire. La biscotte, la mie de pain séchée au four, la semoule serviront de base à cette alimentation.

Plus tard, quand la dentition sera plus avancée,

vers huit ou dix mois, on lui donnera des potages gras, mais en petite quantité. Il est bon de commencer par le bouillon de poulet, moins lourd et moins substantiel que le bouillon de bœuf.

Cette règle de conduite ne subira de modification que dans des circonstances exceptionnelles, lorsque la mère, par exemple, supporte difficilement le fardeau et que l'accroissement de l'enfant s'effectue au contraire avec régularité. Néanmoins les petites soupes doivent être interdites jusqu'à la fin du troisième mois.

Il est maintenant des enfants chez lesquels l'évolution dentaire s'opère fort tardivement et ne commence que vers dix mois, un an.

Faut-il attendre encore cet avertissement pour leur donner autre chose que le lait de leur mère ?

Evidemment, si tout est au mieux pour la femme, rien n'empêche de s'en tenir à l'allaitement pur et simple ; mais s'il en est autrement, et que l'enfant se porte bien, il n'y a point, à mon avis, d'inconvénient à procéder comme si les dents étaient venues, sauf à nourrir avec plus de prudence et de circonspection et à surveiller attentivement l'effet produit par les aliments.

On arrive ainsi par gradation au *sevrage* réel ; alors seulement la nourriture se rapprochera de celle de l'adulte.

Cette méthode éloigne les dangers presque certains qu'un changement brusque, sans transition aucune, aurait été capable de provoquer dans l'économie.

Jusqu'à présent nous avons supposé que l'enfant plein de vie et de santé n'appelait point particulièrement notre attention. Dans le cas contraire, c'est-à-dire s'il est le sujet d'inquiétudes sérieuses, nous n'aurons plus seulement à établir un régime subsidiaire, mais à organiser une substitution complète. L'allaitement par la mère sera abandonné et l'enfant sera mis au sein d'une nourrice. C'est l'unique moyen de les sauver tous les deux.

Lorsque j'aurai passé en revue les autres espèces d'allaitement, je consacrerai une lettre au *sevrage* et je déterminerai l'époque à laquelle il doit avoir lieu le plus souvent.

Daignez agréer, etc.

« Les jeunes accouchées dont la peau est fine et irri-
» table, dont les mamelles sont rendues plus sensibles
» encore par le travail de la sécrétion pendant la crise
» qu'on appelle *la fièvre de lait*, sont plus particulière-
» ment exposées à ces accidents. Mais certaines femmes
» en souffrent toutes les fois qu'elles nourrissent. »

(DÉCLAT, p. 237.)

« La surface de cet organe, continuellement imbibée
» de lait, mâchonnée par l'enfant, s'attendrit et se laisse
» excorier. »

(VELPEAU, p. 8.)

« Les douleurs excessives auxquelles sont condamnées
» les malheureuses nourrices provoquent des accidents
» généraux sérieux ; l'appétit et le sommeil se perdent ;
» la sécrétion laiteuse est troublée. »

(NÉLATON, t. IV, p. 7.)

« Pour s'expliquer la vogue dont quelques-uns de ces
» moyens ont joui, il suffit de savoir que fort heureuse-
» ment dans un grand nombre de cas, ces fissures ou
» excoriations guérissent d'elles-mêmes. »

(CAZEAUX, p. 1012.)

QUATORZIÈME LETTRE.

Traitement des crevasses du sein.

SOMMAIRE. — Beaucoup de médicaments sont employés : presque tous échouent. — On comprend sous un même nom des accidents d'une gravité différente. — Les crevasses peuvent être divisées en deux catégories et ne paraissent pas dues toujours à la même cause. — Il en est qui se montrent rebelles à tout traitement. — Interrompez l'allaitement, la guérison viendra bientôt. — Si l'on veut continuer, il faut recourir au mamelon artificiel. — Manière de s'en servir. — Description d'un nouveau bout de sein. — Procédé de M. Legroux.

MADAME,

Vous trouverez dans les pages que je vous envoie aujourd'hui le traitement des lésions connues généralement sous le nom de *crevasses du sein*.

N'attendez pas de moi l'histoire entière de ces accidents. Elle appartient à la médecine et je veux conserver à mes conseils le caractère de simples causeries.

Que vous dirai-je, Madame, au sujet de ce point délicat qui fait notre désespoir et celui des fa-

9

milles? Rien de bien consolant. Les remèdes ne manquent pas, mais la guérison laisse beaucoup à désirer. Ici, comme dans nombre de chapitres de la science médicale, la multiplicité des ressources est loin d'être une preuve de richesse : elle est au contraire le signe de la pauvreté.

On s'est livré à bien des essais qui, presque toujours, ont été négatifs.

Poudre de gomme, beurre de cacao, rhum, vin et sucre, pépins de coing, nitrate d'argent, ratania, tannin, teinture d'iode, huile de cade, benjoin, baume de Cumping, eau de Mme Delacour, glycérine, etc., etc., tels sont déjà les agents médicamenteux que la pratique a inutilement employés.

On pourrait citer ainsi une longue liste de substances qui réussissent aujourd'hui, échouent demain, prônées par les uns, décriées par les autres, et qui ne prouvent qu'une chose, c'est que nous n'avons pas de moyen bien efficace à opposer à cette affection.

Du reste, si les résultats diffèrent, la raison en est que le mal lui-même varie. En effet, sous la dénomination de *crevasses*, on confond des manifestations pathologiques qui ne sont pas toutes également faciles à guérir.

Ce sont tantôt de simples *excoriations, érosions* ou *ulcérations*, tantôt des *gerçures, fissures* ou *crevasses*.

Dans ces deux catégories, la cause ne paraît pas être la même : par suite de la force avec laquelle l'enfant opère les premières succions, il s'établit à l'extrémité du mamelon, une espèce de vide et la peau très-fine qui le recouvre est soumise à une action analogue à celle d'une ventouse.

De là de petits soulèvements, sorte d'ampoules qui se déchirent et laissent à leur place *presque constamment au sommet du mamelon* une légère *érosion* ou *excoriation* superficielle.

Ce genre de *crevasses*, pour me servir de l'expression la plus répandue, guérit très-bien et le plus souvent sans aucun traitement.

En pareil cas, et lors même que la petite plaie avait dégénéré en ulcération, je me suis bien trouvé d'un mélange de sucre blanc et de vin qu'on avait fait cuire jusqu'à consistance de pâte molle.

Les désordres qui appartiennent à la seconde classe sont occasionnés par le tiraillement des tissus, et leur degré de résistance à la guérison est aussi variable que leur siége.

Les *crevasses* de la partie moyenne du mamelon qui ne sont pas très-profondes commencent déjà à montrer plus de ténacité, mais on parvient cependant à en triompher. Véritables fissures, elles naissent dans les sillons de l'organe et sont déterminées par la macération ou l'humidité pour ainsi dire permanente, à laquelle est soumis le bout du sein.

Quant aux *gerçures* ou *crevasses* proprement dites, elles se montrent au milieu ou à la base du mamelon, mais surtout en ce dernier point. Elles sont plus ou moins entaillées dans l'épaisseur de cet appendice dont elles minent la moitié, voire même la totalité.

A chaque succion, elles sont brutalement déchirées et laissent échapper du sang ou du pus. Ce sont ces crevasses que j'ai vues rebelles à tous les traitements. Je me trompe, le temps seul en fait justice.

On rencontre en effet des femmes assez courageuses pour persister dans l'allaitement, malgré les douleurs qu'elles endurent, en dépit des dangers que l'enfant peut courir en absorbant du pus. Après un mois ou deux de souffrances, et plus encore, la cicatrisation finit par s'accomplir et la crevasse disparaît.

Cette particularité explique la réussite apparente de tel ou tel moyen que l'on fait succéder à plusieurs autres, longtemps après le début de la maladie. N'est-ce pas là d'ailleurs tout le secret des médicaments qui obtiennent des succès au déclin des épidémies?

Il faut donc reconnaître que la guérison sera un fait exceptionnel ; néanmoins tous nos efforts doivent tendre à y arriver.

Dès lors quelle conduite tiendrons-nous s'il se manifeste des accidents du côté du mamelon?

Le mieux serait de suspendre l'allaitement. La guérison suivrait de près cette mesure.

En effet, ce qui entretient l'affection, ce n'est pas sa nature même, elle est très-bénigne, mais bien le tiraillement qu'éprouvent à des intervalles très-rapprochés, les premiers linéaments d'une cicatrice sans cesse renouvelée.

Faites disparaître la cause et la cicatrisation s'effectuera. Malheureusement il est rare que les mères acceptent de prime abord cette ressource extrême.

Si l'on ne veut pas interrompre l'allaitement, il est avantageux, indispensable même de se servir d'un bout de sein artificiel qui s'interpose entre le mamelon et les lèvres de l'enfant.

Ces instruments sont de simples disques en buis, surmontés d'un capuchon en liége, en tétine de vache, en ivoire ramolli, etc., percé d'un trou à son extrémité, et imitant la forme de l'organe qu'il remplace.

On en fabrique maintenant tout en caoutchouc, qui sont d'un usage assez commode.

Pour amorcer l'appareil, vous y versez un peu de lait qui vient facilement à la première succion. L'enfant continue ensuite à tirer celui de sa mère. Cependant on rencontre parfois des difficultés.

Il arrive, par exemple, que le lait a beaucoup de peine à jaillir, et c'est en vain alors que le nourrisson met en jeu toute la vigueur dont il est susceptible ; ou bien il existe un écoulement assez abondant de sang et de pus ; ailleurs enfin la crevasse est à la base et le bout de sein artificiel ne garantit plus en rien, attendu qu'il n'empêche pas l'écartement des lèvres de la plaie.

En face de ces complications, on tire le lait avec la pompe de Tier et on le donne à la cuillère ou à l'aide du biberon, mais le plus sage parti à prendre c'est de chercher une nourrice.

J'ai vu employer tout récemment un bout de sein très-ingénieux dont je vais tâcher de vous donner une idée.

Figurez-vous un cône creux en argent dont la base se replie sur ses bords pour former au pourtour une surface plane percée de trous. Le sommet tronqué, arrondi, et représentant environ le volume de l'extrémité du petit doigt offre neuf orifices. On emboîte cet instrument dans une tétine de vache fraîchement coupée, qu'on a préalablement évidée et qui est cousue sur la galerie.

Comme le trayon n'est pourvu que d'une ouverture, on facilite la sortie du lait, en pratiquant avec un canif, cinq ou six ponctions. Ce bout de sein n'a pas besoin d'être amorcé ; il est pris sans hésitation par l'enfant, car il est souple,

élastique et rappelle fidèlement à ses lèvres dé-
licates, le tissu spongieux dont il partage les
fonctions.

Le principal inconvénient est le renouvellement
obligatoire de la tétine de vache tous les trois
jours environ ; mais en ville cette considération
n'a pas d'importance, puisqu'il est toujours très-
facile de s'en procurer.

On conserve la propreté de cet instrument en
le maintenant constamment dans l'eau.

Revenons au traitement des crevasses.

Voulons-nous mettre en usage des moyens qui
méritent véritablement le nom de remèdes ; nous
sommes immédiatement arrêtés par une difficulté. Maint topique pourrait fort bien guérir la
crevasse, mais avant tout, il est indispensable
qu'il ne nuise pas à l'enfant ; de plus, il faudrait
qu'il lui permît de reprendre le sein quelques
heures après son application.

Cette condition de première nécessité restreint
les tentatives un peu hardies et explique les insuccès.

Aussi une mère se gardera-t-elle de rien employer avant d'avoir consulté son accoucheur.

Je vous fais grâce, Madame, de l'exposition des
différents modes de traitement que j'ai énoncés
plus haut. Je me contente de vous déclarer que
l'eau de Mme Delacour, les pépins de coing, le

crayon de nitrate d'argent et le vin sucré sont encore les agents que je préfère.

Cependant, je ne dois point passer sous silence une nouvelle méthode due à M. le Dr Legroux et qui me paraît appelée à rendre de grands services. J'en emprunte la description à M. le Dr Havet, cité par M. le Dr Déclat.

« On taille un morceau de baudruche de la
» grandeur de la paume de la main ; on l'arron-
» dit et vers le milieu on fait quinze à vingt trous
» avec une épingle. On enduit ensuite le sein
» d'une couche de collodion élastique ainsi com-
» posé :

» Collodion.......... 100 grammes.
» Huile de ricin ...... 10 »

» On applique alors la baudruche sur le sein
» en ayant soin d'exercer de légères tractions sur
» le mamelon et de légères pressions à sa base,
» afin d'avoir un mamelon convenablement formé
» pour l'allaitement ; il faut avoir également soin
» que la baudruche ne forme point de plis, ce qui
» pourrait la faire décoller quand l'enfant prend
» le sein ; puis on fait une nouvelle application
» de collodion par dessus la baudruche.

» S'il survenait quelque déchirure, on aurait
» soin de mettre à nouveau sur la plaie un peu
» de collodion.

» Quand cette application a été bien faite, la

» baudruche peut rester en place de un à trois
» jours. On trouve souvent un mieux sensible
» dans les surfaces ulcérées, quand on enlève la
» baudruche ; on est cependant assez souvent
» obligé de revenir une ou deux fois à son appli-
» cation.

» Quand la femme veut donner le sein à son
» enfant, on lui recommande de mouiller la bau-
» druche, qui recouvre le mamelon, avec un peu
» d'eau sucrée ; cette précaution a pour but de
» rendre la baudruche plus souple et, par suite,
» de déboucher les trous qui ont pu se fermer
» pendant le temps que la femme n'allaite pas son
» enfant.

» C'est dans le même but que M. Legroux fait
» humecter la baudruche avec la glycérine, prin-
» cipe doux des huiles ; en ville, il recommande
» l'huile d'amandes douces. Il empêche ainsi les
» trous de se fermer et par suite le lait de s'accu-
» muler entre le mamelon et la baudruche, ce
» qui peut décoller cette dernière ; ensuite ce lait
» empêche la guérison des ulcérations et peut
» même les augmenter : aussi a-t-on le soin de
» recommander à la femme de presser de temps
» en temps sur le mamelon, afin de chasser le
» lait qui aurait pu s'accumuler entre le mamelon
» et la baudruche.

» Suivant M. Legroux la baudruche aurait pour
» effet :

1º De remplacer l'épiderme enlevé et d'empê-
» cher le contact de l'air avec les gerçures ;

» 2º D'empêcher l'écoulement de la salive de
» l'enfant et du lait de la mère sur les gerçures,
» ce qui irrite et met obstacle à leur guérison ;

» 3º De rendre la succion moins douloureuse,
» puisque les lèvres de l'enfant ne sont pas im-
» médiatement en contact avec l'ulcération. Enfin
» la baudruche agit encore en soutenant les bouts
» de sein. » (Dʳ Déclat, p. 247 et suivantes.)

M. Havet signale comme un des inconvénients
de ce traitement l'odeur d'éther que donne le
collodion en se desséchant et qui déplaît à l'enfant peu amateur alors de rester au sein. Mais
cette substance s'évapore rapidement et pourvu
qu'on attende une heure après l'application de la
baudruche, il tètera sans répugnance.

D'un autre côté, ce pansement ferait des mer-
veilles ; jugez-en, Madame, par les lignes suivantes :

« Il arrive assez souvent, dit M. le Dʳ Déclat,
» que six à huit jours après l'application de la
» baudruche, il n'existe plus de trace d'ulcéra-
» tion ; les ulcérations même les plus fortes ne
» résistent pas à ce moyen. J'en ai vu, qui occu-
» paient presque toute la base du mamelon, gué-
» rir au bout de huit à dix jours. » (P. 252).

Ce résultat si encourageant et si exceptionnel

m'a imposé le devoir de vous transcrire en entier le procédé de M. le Dr Legroux.

Dans ma prochaine lettre, je commencerai l'allaitement par les nourrices.

Daignez agréer, etc.

« Je penserai bien aussi qu'il vaut mieux que l'enfant
» suce le lait d'une nourrice en santé que d'une mère
» gâtée, s'il avait quelque nouveau mal à craindre du
» même sang dont il est formé. »

(J.-J. ROUSSEAU.)

« Notre devoir est d'éclairer les familles, en attaquant
» aussi bien les préjugés répandus parmi elles, leur peu
» de soin de ce qui est véritablement important, leurs
» exigences souvent capricieuses, que les supercheries
» des nourrices elles-mêmes, leurs défauts et les dangers
» qu'elles présentent. »

(DONNÉ, p. 66.)

« Soyons bien convaincus qu'en choisissant bien et en
» surveillant toujours, le lait d'une mère peut se rem-
» placer par celui d'une autre femme, malgré tout ce
» qu'on a dit sur cette harmonie qui existe entre le lait
» de la mère et les forces digestives d'un nouveau-né ;
» ce qui ne se remplace jamais complètement, ce sont
» ses tendres soins. »

(RICHARD (de Nancy), p. 87.)

QUINZIÈME LETTRE

De l'Allaitement par une nourrice.
Erreurs et préjugés.

SOMMAIRE. — Cet allaitement est une exception dans mon pays. — Il devient parfois nécessaire et il faut savoir l'accepter. — Erreurs et préjugés qui circulent à ce sujet. — Question de santé et de sentiment. — Influence du lait sur les facultés intellectuelles de l'enfant. — On donne cependant sans hésiter lait de chèvre, lait de vache et même lait d'ânesse. — Deux sortes de nourrices. — Beaucoup de détails leur sont communs à toutes les deux. — Enumération des points qui se rattachent à l'allaitement par les nourrices.

MADAME,

Dans la ville où j'exerce, l'allaitement par une nourrice est rarement mis en pratique. Il constitue une exception nécessitée par des raisons de santé, et n'est nullement une affaire de mode, d'habitude.

L'allaitement maternel représente la règle.

C'est du reste ainsi que je comprends la mission d'une mère. Mais il est des cas qui réclament impérieusement le secours d'une nourrice. Ce mode d'allaitement, vu d'un mauvais œil, rencontre dans beaucoup de familles toute espèce d'obstacles, de préjugés qui l'assimilent à un sacrifice dont l'amour maternel ne peut jamais être capable.

Avant tout, je veux relever cette erreur.

J'ai fait ma profession de foi à propos de l'allaitement maternel.

Vous ne me soupçonnerez donc point, Madame, de lui préférer celui dont nous nous occupons en ce moment. Mais quand il y a force majeure, que la mère n'a pas les qualités requises par la prudence, laissera-t-elle son enfant dépérir et s'étioler sur un sein appauvri au lieu de le confier à une étrangère qui le sauvera ?

Assurément, son cœur n'accueillera jamais une telle pensée. Seulement le monde, toujours si empressé autour d'un berceau, toujours si prodigue de conseils qu'on ne lui demande pas, a doté de tant d'appréhensions illusoires, d'absurdités, d'histoires ridicules, cette ressource si précieuse pour le nouveau-né, qu'ici encore les jeunes mères incertaines, sans direction, ne se décident qu'à la dernière extrémité à réclamer d'une autre ce que la nature leur a refusé.

On met d'abord en avant le tempérament, la constitution, la pureté physique de la nourrice.

Or, le Médecin possède des moyens d'investigation assez certains pour que la solution qu'il apporte puisse être considérée comme exacte. Des renseignements pris sur la famille compléteront son inspection.

Vient ensuite la question de sentiment.

La mère craint, ou quelque amie lui fait craindre, de perdre à jamais par cet abandon l'amour de son enfant. Nous l'avons déjà dit : par pur instinct, le nouveau-né sera disposé à la priver d'une partie de ses sourires pendant la durée de l'allaitement, mais plus tard le naturel reprendra ses droits et la voix du sang ne se montrera pas plus silencieuse ici qu'ailleurs.

C'est une quarantaine dure et pénible, je l'avoue, mais qui conduit au moins à une bien douce récompense.

L'enfant serait resté faible, chétif, il aurait succombé peut-être. Nous avons au contraire un gros et bel enfant, dont la brillante santé fait plaisir à voir.

Une mère regrettera-t-elle jamais son abnégation, en présence d'un pareil résultat?... Personne ne doutera de la réponse.

Enfin un point, diversement interprété par les auteurs, est avancé par les pessimistes comme un argument péremptoire qui défie toute réplique.

On pense que l'enfant hérite des facultés intellectuelles de la nourrice.

« La bonne humeur, l'enjouement, la sérénité
» du visage, dit M. Michel Lévy, en parlant des
» qualités d'une nourrice, doivent être recher-
» chées en elle. Joignons-y un certain degré d'in-
» telligence, quoique le lait ne soit point le véhi-
» cule de l'esprit ; mais, destiné à l'accroissement
» de tous les organes, restera-t-il sans influence
» sur la constitution et le jeu de l'encéphale ? »
(T. II⁰, p. 123.)

Un certain degré d'intelligence est nécessaire à
la nourrice, je le veux bien, ne fût-ce que pour
mieux comprendre et mieux exécuter les avis
qu'on aura à lui donner. Mais, à en croire certaines gens, il faudrait presque exhiber le diplôme
d'institutrice pour être admise à allaiter un nouveau-né !...

Où en serions-nous s'il était rigoureusement
indiqué de trouver chez les nourrices mercenaires
autant d'esprit, d'éducation et d'instruction que
nous en remarquons chez les mères ?

Avouez, Madame, que le problème deviendrait
insoluble.

Et cependant, voyez quelle inconséquence !
Après avoir soutenu un tel système, on ne se fait
aucun scrupule de nourrir l'enfant avec du lait de
chèvre, du lait de vache, du lait d'ânesse même
quand on peut s'en procurer. Certainement, si
cette influence était réelle, bien fondée, elle bat-
trait en brèche l'allaitement artificiel, au biberon,

beaucoup plus encore que l'allaitement par les nourrices.

Le premier n'a déjà que trop de griefs à sa charge, sans qu'on y ajoute les fâcheux effets que le lait d'un animal déterminerait sur le développement intellectuel du nourrisson.

Quant au second, il doit être affranchi de toutes ces hypothèses : elles sont purement gratuites et ne s'appuient sur aucun fait rationnel. L'observation de tous les jours est loin de les confirmer.

Il en est de même du caractère de la nourrice qui joue également un grand rôle dans l'opinion des adversaires de l'allaitement par une étrangère.

Je ne lui reconnais point une action aussi marquée. Si je désire qu'une nourrice ne soit pas méchante, brutale, ce n'est pas dans la crainte que le nouveau-né suce avec le lait ses défauts, mais bien pour être certain qu'il ne sera pas rudement mené et parfois grossièrement traité par elle.

Que les nourrices soient douées d'un bon cœur, et, quoique inférieures encore aux mères sous ce nouvel aspect, elles me satisferont.

Quittons les préliminaires et parlons de cet allaitement. La femme est enceinte, son état de faiblesse générale ou toute autre raison nous engage à lui conseiller de ne pas nourrir.

Ou bien l'allaitement a été commencé par la

mère, mais il est impossible qu'elle continue à donner le sein.

Dans les deux cas, il s'agit de choisir celle qui la remplacera.

Il y a deux sortes de nourrices.

1º L'une qui est *sédentaire*, *interne*, *sur lieu*; elle vient vivre au milieu de la famille du nouveau-né ;

2º L'autre *externe*, séjourne le plus souvent à la *campagne*, où elle emporte l'enfant qu'on lui confie.

La première est sans contredit préférable. Nous commencerons par elle.

Beaucoup de détails, dans ce qui va suivre, seront communs à toutes les deux, principalement en ce qui touche les qualités physiques, tempérament, etc. Il est cependant des particularités qui les différencient. Je les signalerai quand je vous entretiendrai de la nourrice *externe* ou à la *campagne*.

Nous aurons examiné les points les plus saillants de l'allaitement par les nourrices, en les réduisant à ceux-ci :

1º Santé de la nourrice ;

2º Son physique ;

3º Son âge ;

4º Age du lait (date de l'accouchement) ;

5º La nourrice sera-t-elle de la ville ou de la campagne ?

6º Sera-t-elle mariée ou fille-mère ?

7º Volume et forme des mamelles ;

8º Forme des mamelons ;

9º Qualité du lait (richesse ou pauvreté) ;

10º Examen de l'enfant de la nourrice ;

11º Nécessité d'un examen complet de la nourrice ;

12º Régime de la nourrice ;

13º Hygiène, soins de toilette, promenades ;
surveillance dont elle doit être l'objet. Chambre
à coucher, occupations de la nourrice ;

14º Rapports que la famille aura avec elle ;

15º Enfin, changement de nourrice.

C'est ce qui fera, Madame, l'objet des lettres
suivantes.

Daignez agréer, etc.

« Le lait ne se renouvelle pas chez une nourrice ; l'en-
» gorgement de la glande mammaire n'a lieu dans cette
» circonstance que parce que le nouveau nourrisson ne
» consomme pas autant de lait que le premier. »

(Bouchut, p. 16.)

« Il y a d'excellentes nourrices dont le sein ne fournit,
» par pression, qu'une médiocre quantité de lait, mais
» chez qui la sécrétion s'active par la succion de l'enfant
» et s'opère en quelque sorte au fur et à mesure de ses
» besoins. »

(Michel Lévy, t. II, p. 134.)

« Vingt-cinq à trente ans, constitution forte, poitrine
» large, tempérament sanguin-lymphatique, cheveux
» bruns, dents blanches, non martelées et saines ; lèvres
» et teint colorés. »

(Devergie. *Portrait d'une nourrice.*)

SEIZIÈME LETTRE

De l'Allaitement par une nourrice. (*Suite*.)
Qualités de la nourrice.

Madame,

Notre causerie d'aujourd'hui roulera sur les *qualités* de la nourrice.

Mon intention n'est pas de décrire complètement l'examen qu'elles nécessitent, car ce serait
prendre la place de votre accoucheur à qui seul
revient cette tâche. Je n'en aborderai que les parties principales, celles surtout qui, dans le monde,
ont fourni matière à des erreurs.

L'importance de certaines choses a été exagérée, tandis que la valeur de plusieurs autres a été méconnue ; je rendrai à chacune d'elles ses véritables proportions et je ne manquerai point de signaler les dangers que peut amener une indifférence coupable.

Si le hasard veut que vous ayez besoin d'une nourrice, les données que je vais vous communiquer ne vous suffiront pas pour porter vous-même un jugement définitif et sérieux. Je ne veux que vous mettre en mesure d'apprécier tous les motifs qui font un devoir à l'accoucheur de ne pas traiter à la légère un sujet si délicat.

1o *Santé de la nourrice*. — Évidemment, ce fait domine toute la question et doit être, de la part de l'accoucheur, l'objet des soins les plus minutieux, et des investigations les plus scrupuleuses. Si nous nous sommes montré *difficile* pour la mère, ici nous serons à bon droit *exigeant*.

La raison en est que dans le cas actuel nous *pouvons*, nous *devons* même choisir, ce qui nous était interdit plus haut.

Le tempérament sanguin est préférable ; malheureusement il est rare dans nos contrées où le tempérament lymphatique est en majorité. Aussi acceptons-nous ce dernier, quand il n'est pas trop prononcé et qu'il est accompagné d'une bonne constitution.

Je désire que la nourrice offre un certain degré d'embonpoint qui témoigne en faveur de sa santé habituelle et qui me donne des espérances pour la quantité et la qualité du lait : une bonne nourrice est rarement maigre.

Bien que l'alopécie, ou la perte des cheveux, ne soit pas toujours un signe négatif ou affirmatif d'une grande portée, je ne prendrais cependant pas une nourrice qui serait dans ce cas : ses antécédents me laisseraient dans le doute.

Enfin par l'auscultation et la percussion je m'assure qu'il n'y a aucune prédisposition à quelque affection des poumons ou du cœur.

Il est un détail qui préoccupe beaucoup les parents : je veux parler des dents.

Doit-on tenir essentiellement à cet ameublement de la bouche ? Au point de vue de la physiologie, oui ; relativement à la constitution, non.

Avec de mauvaises dents, en effet, une nourrice ne pourra broyer ses aliments qu'imparfaitement, digèrera mal et, par suite, n'aura pas de bon lait.

Néanmoins, Madame, je vous ferai remarquer que les familles parisiennes trouvent en Picardie et en Normandie d'excellentes nourrices. Or, la plupart des femmes qui habitent ces deux provinces ont la bouche dans un piteux état.

Aussi, comme preuve de santé générale, n'accorderai-je pas une pleine créance à de belles ou à de vilaines dents. Je ne leur réserve, dans l'ensemble des signes, qu'une place secondaire.

2° *Physique de la nourrice.* — Quant au physique, il importe peu. A choisir il vaut mieux une nourrice qui ne soit pas très-jolie. La beauté amène presque toujours la coquetterie et si je veux qu'une nourrice soit un modèle de propreté, je ne demande pas qu'elle soit trop soucieuse de sa toilette. Ce serait du temps pris sur celui que réclament les soins dus au nourrisson.

Et puis, sous le rapport de la possibilité d'une nouvelle grossesse, je serai plus tranquille pour l'avenir.

Il me suffit que la personne n'ait pas une figure repoussante. Je ne voudrais point, en effet, condamner une mère à avoir continuellement auprès d'elle, et cela pendant douze ou quinze mois peut-être, une femme dont le visage serait désagréable.

Je serai aussi facile sur la question relative à la couleur des cheveux. On préfère les brunes, parce que, généralement, elles n'ont pas le tempérament lymphatique ; mais une blonde peut faire aussi un très-bon élève. En ce moment, j'ai sous les yeux trois nourrices blondes qui ont chacune un nourrisson magnifique.

Seulement, je l'avoue, quand j'ai le choix, je désigne plutôt une brune, attendu que le plus souvent elle sera dans de meilleures conditions de santé.

3° *Age de la nourrice*. — La période de vingt-cinq à trente ans représente l'âge le plus convenable. Au-dessous de vingt ans, c'est par exception qu'elles se montrent assez fortes pour résister aux fatigues de l'allaitement.

Après trente ans, on s'expose à ne pas avoir du lait jusqu'au moment du sevrage, la secrétion ayant de la tendance à diminuer et même à tarir tout à fait chez les femmes d'un âge déjà un peu avancé.

Néanmoins je dois vous dire, Madame, que je n'attache pas à ces appréciations une rigueur absolue. Ainsi je prends sans hésiter une nourrice bien constituée de dix-huit à vingt-cinq ans, surtout quand il s'agit de filles-mères habitant la campagne où elles ont été habituées aux rudes travaux de la vie des champs. Les paysannes de cet âge offrent déjà un développement complet.

4° *Age du lait*. — En d'autres termes, depuis combien de temps la nourrice doit-elle être accouchée ?

L'époque comprise entre deux et six mois est celle que l'on recherche. Voici pourquoi :

Plus tôt, la femme n'est pas remise des fatigues de l'accouchement et l'on ne sait pas si elle sera bonne nourrice. Elle n'en a pas encore fourni les preuves.

Vous avez vu, Madame, dans une des lettres précédentes, que les mères les plus mal partagées ont du lait dans les premiers jours qui suivent leur délivrance et puis, comme cette femme en est encore à ses débuts, rien ne nous dit qu'elle a échappé aux excoriations, fissures, crevasses, etc.

Plus tard, on court le risque d'avoir à constater la disparition complète du lait avant que l'enfant soit assez âgé pour être sevré. C'est cette raison, et non la qualité même du liquide, qui me fait rejeter une nourrice accouchée depuis trop longtemps.

Quant à la faculté qu'on accorde à un nouveauné de *rajeunir* le lait, je ne l'accepte pas. Je veux vous mettre en garde contre cette erreur trèsenracinée dans le monde et que nous devons chasser des esprits. Tout récemment je viens d'avoir une nouvelle occasion de vérifier la justesse de l'explication donnée à ce sujet par M. Bouchut, dont je vous ai transcrit les paroles en épigraphe.

Examinons maintenant, Madame, deux questions qui ne manquent pas d'importance.

5° *La nourrice sera-t-elle de la ville ou de la campagne ?*

6º *Doit-on préférer une femme mariée à une fille-mère ?*

Pour le premier point, beaucoup de considérations me font pencher en faveur de la campagnarde.

Tempérament, constitution, docilité, obéissance, conduite, etc., tout, chez elle, offre des garanties qui n'existent pas chez la nourrice de la ville. Cependant, si ces motifs qui m'engagent ici à l'éliminer n'existaient pas pour cette dernière, et surtout si elle était connue de la famille, on aurait tort de la refuser.

L'article sixième donne lieu aussi à diverses interprétations.

Si l'on ne consultait que la moralité, sans aucun doute la femme mariée devrait l'emporter. Dans la ville où je demeure, nous n'avons pas l'embarras du choix : on ne trouve pas de nourrices dans cette catégorie ; le hasard seul fait parfois rencontrer une veuve.

Mais qu'on veuille bien y réfléchir : la femme qui a quitté son mari, son ménage, ses enfants, pourra éprouver du chagrin et désirera retourner très-souvent auprès d'eux ; il en résultera des dangers pour sa santé, des déplacements trop fréquents, et aussi des chances, des probabilités de grossesse. Ce sont là toutes choses fâcheuses pour la marche de l'allaitement et les familles ont grand intérêt à les éviter.

Nous ne trouvons aucun de ces inconvénients chez la fille-mère.

Elle a souvent, au contraire, grand désir de quitter son village, ses parents, qui n'accueillent pas toujours pareille faute avec insouciance.

Une sorte de contentement remplacera donc chez elle les regrets de la femme mariée et pourvu qu'on lui fasse venir de temps à autre son enfant, elle sera pleinement satisfaite.

Enfin elle n'a pas, comme celle qui est légitimement mariée, le droit de réclamer la venue du père de son enfant.

Tout cela me fait mettre au premier rang la fille-mère. Signalons un détail particulier à son sujet.

Il serait avantageux qu'elle fût déjà au courant des soins qu'exige le nouveau-né, et sous ce rapport une fille, *mère pour la seconde fois*, offrirait plus de garanties.

Mais, d'un côté, les familles dont j'épouse entièrement ici la manière de voir, regardent cette récidive comme un signe d'inconduite réelle, tandis qu'une première faiblesse est assez facilement pardonnée.

De l'autre, il faut le dire, les nourrices les moins expérimentées s'habituent bien vite à arranger un enfant.

Nous les prenons quand elles ont déjà emmaillotté leur nouveau-né pendant deux mois et plus : quelque mauvaise ou imparfaite qu'ait été la besogne, elle n'en a pas moins été exécutée et a toujours fait acquérir un certain degré d'habileté. A leur arrivée, une garde intelligente pourra reprendre cette ébauche, ces débuts incomplets et diriger leur apprentissage. Au bout d'un mois, elles seront parfaitement au courant de leur ministère.

Enfin, à mon avis, une mère est très-heureusement inspirée quand elle n'abandonne à personne la direction principale de tout ce qui concerne la toilette de son enfant.

Rien, si ce n'est une absence par trop prolongée de sa maîtresse, ne peut autoriser la nourrice à agir de son propre mouvement, et à procéder à l'emmaillottement du nouveau-né, sans que l'œil vigilant de la mère soit là pour en surveiller l'exécution.

De cette façon, il n'est pas besoin d'exiger un certificat de capacité de la nourrice que l'on veut gager. L'intelligence et la sollicitude du cœur maternel suppléeront à tout.

Daignez agréer, etc.

« Le volume des mamelles est souvent en rapport avec
» la santé et la complexion des individus ; ainsi des
» mamelles volumineuses sont plus fréquemment obser-
» vées chez des personnes robustes que chez celles d'une
» santé débile, et chez les femmes blondes que chez les
» brunes. »

(P. DUBOIS. — 1re *livraison*, p. 247.)

« Seins piriformes, à mamelons nettement dessinés,
» sans veines trop dilatées ; les seins arrondis, bombés,
» à grosses veines, à aréoles très-larges, sont très-infé-
» rieurs aux précédents. »

(DEVERGIE. — *Portrait d'une nourrice.*)

« Il est des Médecins qui, consultés sur le choix d'une
» nourrice, craindraient de se prononcer avant d'avoir
» examiné la composition du lait au microscope.
» Il en est d'autres qui se contentent de regarder au
» nourrisson. Les premiers sont certainement les plus
» savants. Les seconds sont les plus sensés et les plus
» pratiques. Car enfin, supposez que le témoignage du
» microscope et l'état du nourrisson soient en désaccord,
» à qui donnerez-vous la préférence ? »

(BOUSQUET. — *Bulletin de l'Académie,*
1860, p. 581.)

DIX-SEPTIÈME LETTRE

De l'Allaitement par une nourrice. *(Suite.)*
Appareil de la lactation.

MADAME,

Dans le choix que nous faisons d'une nourrice, l'appareil de la lactation doit être, de notre part, l'objet d'un examen attentif.

Nous avons pu admettre la mère telle qu'elle était avec un sein peu développé mais assez consistant néanmoins pour nous faire espérer un bon lait.

Ici nos prétentions s'élèvent. Nous allons voir sur quoi elles porteront.

7° *Volume et forme des mamelles.* — Il faut à la

nourrice de fortes mamelles, dont le volume soit uniquement dû à la glande elle-même et non au tissu graisseux ambiant. Ce que la main distingue parfaitement, en percevant la résistance offerte par les lobules mammaires.

Manifestation favorable déjà quant à la santé habituelle, le *volume* des mamelles sera aussi de bon augure pour l'abondance et la richesse du liquide sécrété.

Bien que leur *forme* ne soit pas une condition de nécessité absolue, elle a cependant un caractère d'utilité pratique qu'on ne peut lui contester, et, à ce titre, je vous en dirai quelques mots.

Les unes sont coniques, en pointe, et ont, pardonnez-moi la comparaison, une ressemblance éloignée avec celles de la chèvre. *C'est la meilleure* conformation. Elle dispense la nourrice de toute précaution lorsqu'elle donne le sein. En effet, avec ces mamelles, le nouveau-né conserve, en tétant, les narines parfaitement libres et respire à son aise.

D'autres, hémisphériques, sont peu mobiles, et le nez du nourrisson, enfoui dans cette glande très-souvent volumineuse, se trouve dans l'impossibilité d'absorber l'air. Aussi l'enfant, gêné pour la respiration, est-il obligé d'abandonner le mamelon.

Dans une troisième forme, la mamelle est pour ainsi dire isolée dans son enveloppe cutanée, sans

adhérence avec la poitrine. Elle produit généralement peu de lait, mais le nouveau-né s'y maintient facilement. On ne la rencontre, du reste, que
chez les femmes qui ont déjà nourri plusieurs
enfants, chez les nourrices à *la campagne*, par
exemple.

8o *Forme des mamelons.* — En parlant de la
mère, je me suis contenté de vous dire que les
mamelons doivent être *assez longs.*

Pour la nourrice je demanderai plus.

Il en est qui, au lieu d'être proéminents, présentent une dépression linéaire ou une véritable
cavité. Cette disposition, qui ne permet pas même
à la mère de nourrir, ne convient nullement à
une nourrice.

Ailleurs, ils sont gros, attachés par un pédicule
et se terminent en boule ; ils rappellent le globe
de la cerise et se prêtent mal à la succion.

Enfin d'autres sont coniques, mais très-courts.
Il faut que le lait vienne sans exiger aucun effort,
pour que je les accepte.

Au contraire je les préfère à tous, lorsqu'ils
sont allongés.

Je m'assure toujours de la spongiosité du mamelon et de la facilité avec laquelle il donne le
lait, en le comprimant à sa base, un peu au-dessus de son insertion sur la mamelle. Quand le
lait jaillit en filets minces, assez nombreux, c'est

11

un bon signe. S'il ne coule que par goutte, je n'admets point la nourrice. La succion serait trop fatigante pour le nouveau-né.

Avant de vous parler, Madame, de la qualité du lait, deux mots à propos d'un phénomène qui a son siége dans les glandes mammaires. Au point de vue de la lactation, il a sa valeur.

Pendant la grossesse, principalement chez les femmes qui sont enceintes pour la première fois, le pourtour ou *l'aréole* du mamelon prend une teinte plus ou moins foncée, en rapport surtout avec la couleur des cheveux. Ainsi, chez les brunes, cette coloration est franchement bistrée, analogue au lavis de sépia.

En dehors de cette aréole qui se dessine régu-lièrement en cercle, on aperçoit deux ou trois rangées de taches qu'on croirait déterminées par l'action d'un liquide corrosif sur la peau.

L'apparition bien marquée de ces modifica-tions de couleur sur l'aréole et sur la mamelle est de bon augure pour la fonction. C'est par con-séquent un titre de recommandation pour la nour-rice qui me les offre, car elles persistent, quoique à un moindre degré, pendant l'allaitement.

Il en est de même des veines qui sillonnent les seins et qui indiquent une assez grande vitalité de l'organe.

9o *Qualité du lait. (Richesse ou pauvreté.)* — Dans la lettre que j'ai consacrée à l'étude du lait, je vous ai dit, Madame, combien il était difficile d'en apprécier d'une manière exacte la *richesse* ou la *pauvreté*.

Quand il s'agit des nourrices, outre les moyens d'exploration cités plus haut et sur lesquels je ne reviendrai pas, nous avons la ressource d'un contrôle que je ne néglige jamais. Il prouve beaucoup mieux que toutes les analyses possibles et il a l'avantage de fournir plusieurs renseignements à la fois. Je veux parler de l'enfant de la nourrice.

10o *Examen de l'enfant de la nourrice.* — A l'œuvre on reconnaît l'ouvrier, dit-on. Je constate donc par le nourrisson ce dont la nourrice est capable.

J'acquiers aussi, par la même occasion, la certitude qu'elle a pour son enfant tous les soins désirables, et que la sollicitude maternelle ne lui a pas fait défaut.

Elle aura beau être prévenue à l'avance et se tenir sur ses gardes; si elle le néglige ordinairement, si elle ne le tient pas dans un état permanent de propreté, je m'en apercevrai. L'enfant en portera des preuves, des marques, qu'elle ne pourra point faire disparaître sur-le-champ. Il aura, par exemple, sur différentes parties du corps, des rougeurs, des excoriations plus ou moins étendues.

Aussi je ne me laisse point séduire par les atours déployés exclusivement pour la cérémonie. Je tiens peu compte de la blancheur du mouchoir, de la couverture et des langes, pas même de l'élégance du bonnet, et, dans mon incrédulité, je demande à voir le nouveau-né entièrement nu.

Mon inspection ne peut être complète et utile qu'à cette condition.

J'ajoute qu'une enquête favorable me fera bien augurer du cœur et, par suite, du caractère de la nourrice.

D'un autre côté, si, par hasard, l'enfant était porteur de quelques traces de maladie contagieuse, elles ne passeraient point inaperçues. Bien que pareil héritage pût venir du père et non de la mère, cette circonstance commanderait néanmoins une sage réserve à l'égard de celle-ci.

Une précaution bonne à prendre, quoiqu'elle paraisse exagérée, est de s'assurer si l'enfant qu'on nous montre est bien réellement celui de la nourrice. Cette ruse a été employée plusieurs fois. Or, comme le village qu'habite une nourrice n'est jamais fort éloigné de l'endroit où elle est gagée, il est toujours facile à un parent, à un ami de la famille d'aller s'informer de l'identité du nourrisson.

Enfin, quelle que soit la position de fortune des parents, il convient de ne pas trop élever la rétribution mensuelle accordée à la nourrice. Il vaut mieux donner un prix modéré et lui promettre de compléter ses gages, à la fin de l'allaitement, par un cadeau ou par la somme représentant ce qui lui serait dû.

On stimule ainsi son zèle en imposant des conditions à la récompense de ses services, et l'on maintient à un chiffre abordable pour les mères moins riches, le cours le plus haut du tarif des nourrices.

A ma prochaine lettre, Madame, la continuation du même sujet.

Daignez agréer, etc.

« Le lait, qui, selon la naïve expression de notre Am-
» broise Paré, n'est que du *sang blanchy*, a-t-il les
» mêmes propriétés infectantes ?

» Si la raison me fait supposer la réalité de cette
» influence, l'expérience, je l'avoue, n'a pas encore prêté
» d'appui suffisant à ses suggestions. »

(DIDAY, p. 74 et 78.)

« Aucun scrupule, aucune résistance ne doit arrêter
» le Médecin. Sans une exploration à fond, les maladies
» contagieuses pénètreront dans les familles les plus
» pures par la porte de l'allaitement.

» Bien des exemples funestes appuient ce conseil dont
» l'exécution n'a rien de contraire à la pudeur et aux
» convenances si la nourrice est prévenue. »

(Michel LÉVY, t. II, p. 132.)

DIX-HUITIÈME LETTRE.

De l'Allaitement par une nourrice. *(Suite.)*
Examen de la nourrice.

SOMMAIRE. — 11° Nécessité d'un examen complet de la nourrice. — Les maladies contagieuses peuvent se transmettre de la nourrice au nouveau-né. — L'accoucheur représente la famille et la société. — Il doit fournir une nourrice saine. — Examiner la femme quand toutes les conditions de l'engagement sont bien arrêtées. — Les parents seuls, bien à tort cependant, peuvent dispenser la nourrice de cet examen.

MADAME,

J'arrive aujourd'hui à une phase très-délicate de l'allaitement par les nourrices.

Autrefois on ne s'en inquiétait guère et les renseignements qui la concernent, ou manquaient tout-à-fait ou n'étaient qu'incomplètement obtenus. Un pareil oubli a eu souvent des conséquences déplorables. Aujourd'hui encore, l'ignorance ou le laisser-aller de ceux-là même qui sont le plus intéressés à l'exécution de ces mesures, paralyse quelquefois une intervention si parfaitement motivée.

Vous comprendrez bientôt toute la gravité de cette faute.

La science est chaste, Madame, et ses actes, de même que son langage, doivent être acceptés au même titre, lorsqu'ils ont un but d'humanité à remplir.

Liberté pleine et entière lui sera donc accordée, si l'on veut que l'exercice de son ministère ne soit pas une pure formalité, sans garantie aucune, et incapable d'inspirer la moindre confiance.

Ces réflexions me sont suggérées par le paragraphe suivant.

11º *Nécessité d'un examen complet de la nourrice.*
Toute nourrice doit subir de la part du médecin un examen complet. C'est là une mesure tout à fait indispensable en matière d'allaitement par une étrangère.

Certaines maladies contagieuses se transmettent de la nourrice au nourrisson (1) ; scientifiquement

---

(1) Les convenances ne m'ont pas permis d'envisager dans une lettre adressée à la femme d'un ami la question de transmissibilité opérée du nourrisson à la nourrice. Cependant cette réciprocité n'est malheureusement que trop vraie.

Le Médecin se portera donc garant de toute contagion

je tranche peut-être un peu trop carrément la question ; mais, soit comme exception, soit comme règle, le fait existe quant aux manifestations extérieures de l'infection.

Reste à savoir si le lait d'une femme malade peut servir de véhicule au poison, au virus qui détériore sa constitution, pour être transporté dans l'économie du nouveau-né et y donner lieu à des accidents graves, souvent mortels.

La solution de cette question n'est point encore acquise à la science et, tout en reconnaissant que des enfants ont pu échapper sains et saufs à ce danger, la plupart des médecins répondent par l'affirmative ou tout au moins se montrent partisans du doute et de la prudence.

Or, jamais une mère n'hésitera quand elle saura que la santé et la vie de son enfant se

---

de la part du nouveau-né et en donnera l'assurance formelle à la personne qui se charge de le nourrir.

En effet, il est de son devoir, il appartient à sa conscience de ne pas confier à une nourrice saine un enfant malade ou qui dans peu de temps le sera très-probablement du fait de ses auteurs. Les tribunaux, au besoin, lui rappelleraient cet article de notre code professionnel.

Beaucoup de familles ignorent qu'en trompant une étrangère, en lui cachant certain vice héréditaire et contagieux du nouveau-né, elles s'exposent à être condamnées plus tard à une indemnité parfois très-considérable. L'accoucheur suppléera à leur imprévoyance. Il évitera ce scandale public à ses clients et veillera en même trouveront sous la dépendance d'un résultat très-problématique. Pour elle toute particularité de ce genre se transforme en vérité générale, toute possibilité en certitude, et je ne peux qu'applaudir à l'abstention rationnelle que lui dicte le premier cri de son cœur.

Remarquez du reste, Madame, l'importance de la mission que l'accoucheur est appelé à remplir en cette circonstance. Il représente non-seulement la famille, mais encore le nouveau-né dont il doit sauvegarder la santé. Nous oserons même dire, sans donner à ses pouvoirs une extension exagérée, qu'il est, à ce point de vue, le mandataire de la société.

Il faudra, par conséquent, qu'il fournisse aux parents toutes les garanties de pureté possibles à l'égard de l'étrangère qu'ils accueillent.

Donc, quand tout est bien arrêté, que le prix est

---

temps à ce que leurs intérêts pécuniaires ne soient point lésés sans raison.

Quelque inopportun et inutile que soit l'avertissement dans l'immense majorité des cas, j'ai dû signaler le fait et combler cette lacune, puisque je me suis promis de répondre à toutes les éventualités de la pratique.

D'ailleurs, cette solidarité qui doit de toute justice exister entre la santé du nourrisson et celle de la nourrice, est un des meilleurs arguments à faire valoir auprès des villageoises qui ne paraîtraient point décidées à subir l'examen nécessaire. Il suffira le plus souvent pour les convaincre.

stipulé, que l'enfant est venu au monde et que la nourrice est installée au logis, je la soumets à un examen complet. Si j'y procédais plus tôt, je serais forcé de recommencer ; car elle pourrait, dans l'intervalle, contracter ce que je n'aurais point d'abord constaté chez elle : or on doit éviter, on le comprend, de répéter sans nécessité une semblable investigation.

Je ne consens à me départir de cette excellente précaution que si les familles, malgré l'avis que je leur donne sur son utilité extrême, croient pouvoir s'en dispenser. Il arrivera, par hasard, qu'une nourrice soit assez connue pour être admise sans ce passe-port obligatoire, mais à mes yeux cet excès de confiance constitue encore un acte d'imprudence dont on a quelquefois à se repentir.

Tels sont les conseils que je ne néglige jamais de donner ; alors, quoi qu'il arrive, j'ai rempli mon devoir et ma responsabilité n'a plus à compter avec l'avenir.

Daignez agréer, etc.

« Je fais ces recommandations librement, sans me lais-
» ser arrêter par les idées opposées de la plupart des
» mères. J'écris pour les éclairer et non pas pour flatter
» leurs faiblesses ou leurs préjugés. »

(Donné, p. 151.)

« N'est-il pas aussi trop commun dans ces circonstan-
» ces de voir les familles ignorantes elles-mêmes s'en
» prendre au défaut de soins de la nourrice, à son indif-
» férence, et lui reprocher de laisser leur enfant mourir
» de faim ? Illusion trop décevante qui ne sert qu'à pré-
» cipiter la ruine de ces chétives créatures ! »

(Dr Caron. — *Gaz. des Hôp.*, 1858, p. 566.)

« Une femme qui nourrit notre enfant n'est plus pour
» nous une étrangère. »

(Dr Le Barillier, p. 41.)

« La nourrice ne peut être condamnée à la vie séden-
» taire et recluse ; habituée à l'air libre des champs, elle
» languit et s'étiole dans nos salons étroits ; il faut donc
» qu'elle sorte, qu'elle aille respirer à l'aise dans les
» promenades et dans les jardins publics, mais jamais
» seule. »

(Richard (de Nancy), p. 95.)

DIX-NEUVIÈME LETTRE

De l'Allaitement par une nourrice. (*Suite.*)
Régime, hygiène de la nourrice.

SOMMAIRE. — Après la naissance de l'enfant, faire prévenir la nourrice ou en chercher une, si l'on ne s'en est point encore occupé. — Le lait ne rajeunit point. — Observer en général les mêmes règles que pour l'allaitement par la mère. — On ne commencera à donner les soupes que vers quatre ou cinq mois. — 12° Régime de la nourrice. — Rapprocher son alimentation de celle qu'on a ordinairement à la campagne. — Boisson à prendre entre les repas. — Bière jeune plutôt que vieille. — Influence très-grande du changement de nourriture sur la sécrétion lactée. — Exemple. — 13° Hygiène, soins de toilette, promenades ; surveillance dont la nourrice doit être l'objet. — Sa chambre à coucher, ses occupations. — 14° Rapports que la famille doit avoir avec elle. — Exemple.

MADAME,

L'enfant est venu au monde : le jour même ou le lendemain, on avertit la nourrice qu'on a arrêtée à l'avance. Il serait très-avantageux de la conserver dans la famille avec son enfant pendant le dernier mois de la grossesse, mais on consent rarement à l'appeler si tôt.

Si l'on n'en avait pas encore, et c'est ce qui se présente le plus fréquemment, il faudrait immédiatement en chercher une. Ne la trouvât-on que le troisième jour, on serait encore dans les limites ordinaires de l'allaitement maternel. En attendant, l'enfant boit de l'eau sucrée, de la tisane d'orge pure ou très-légèrement lactée.

La nourrice arrivée, est-il indispensable d'avoir recours aux spécifiques si vantés par les gardes pour *rafraîchir* et *rajeunir* le lait ? Vous savez, Madame, quelle est à ce propos mon opinion ; je n'y reviendrai pas. Parfois cependant je suis coupable ici d'une faiblesse : je tolère, pour un jour, l'usage d'un innocent bouillon de veau. Cela, du reste, sert de transition entre l'ordinaire que quittent les nourrices et celui qu'elles vont suivre.

Une sage précaution à prendre dans le but de compenser ce défaut de renouvellement du liquide sécrété, c'est de recommander à la nourrice de ne pas mettre l'enfant trop souvent au sein. De cette manière le lait sera moins riche et se rapprochera plutôt de celui que la mère elle-même aurait pu lui fournir. Néanmoins, chez certaines natures fortement organisées, il en résulte une turgescence des mamelles qui cause un malaise très-pénible et que l'on est contraint de diminuer à l'aide de la téterelle.

Au bout de quelques jours, le nourrisson consomme davantage ; tout se régularise et prend l'allure de l'allaitement ordinaire. Dès lors, à de bien faibles différences près, la nourrice se comportera comme la mère pour le régime du nouveau-né.

Ainsi, même ponctualité dans l'intervalle des repas, mêmes soins pour les mamelons, surtout quand cette femme est accouchée depuis peu de temps. Si son enfant a trois ou quatre mois, elle peut s'en dispenser, car elle est probablement alors à l'abri des crevasses.

Comme la nourrice est choisie forte, robuste, ayant beaucoup de lait, elle sera capable de supporter les fatigues que n'endurerait pas une mère et elle ne nuira en rien à sa santé en faisant téter la nuit une ou deux fois. Cependant, pas d'excès sur ce chapitre, car elle aussi a besoin de sommeil. D'ailleurs, une pareille profusion mènerait à une alimentation exagérée et l'enfant serait la première victime de cette mauvaise direction.

C'est pourquoi je ne saurais trop, sur ce point, conseiller aux familles et la circonspection et la prudence. Pas plus que la mère, celle qui la supplée ne s'empressera, à chaque cri de l'enfant, de lui offrir le sein. Il faut qu'elle ait le courage de le lui refuser et une mère qui pense bien, loin de la gronder dans ce cas, devrait lui savoir gré de cette patience et de cette salutaire attention.

Le plus souvent, au contraire, on la tourmente pour que, sans relâche, le nourrisson soit pendu à la mamelle. C'est là, Madame, une grave erreur, un véritable abus d'autorité contre lequel il est de mon devoir de prémunir la nourrice. Autant je suis disposé à la blâmer quand elle ne se montre point obéissante sous d'autres rapports, autant je lui donne droit ici et l'autorise à persister dans cette excellente voie.

Il est des mères qui nous en veulent tout d'abord de cette surveillance, mais elles reconnaissent bientôt que notre seule intention est de protége la vie de leur enfant et alors au mécontentement succèdent les plus sincères remerciements du cœur.

Le nouveau-né, allaité par une nourrice, pourra avec avantage manger plus tard que si la mère le nourrissait elle-même. Vers quatre ou cinq mois, on commencera par quelques panades très-légères et peu copieuses, et l'on ira ensuite progressivement.

Quand la nourrice en est à son second nourrisson, ce que nous voyons parfois dans la même maison ou dans la même famille, les précautions énoncées plus haut ne changent pas.

Nous voici maintenant, Madame, en face d'une série de détails qui intéressent la nourrice et, par suite, la santé du nouveau-né, mais sur lesquels les familles ne sont généralement point fixées. Je veux parler du *régime*, des *soins de toilette*, des *promenades* de la nourrice ; de la *surveillance* à exercer sur sa personne ; de sa *chambre à coucher*, de ses *occupations*, enfin des *rapports* que les parents auront avec elle.

12° *Régime de la nourrice.* — A son arrivée, on l'interrogera sur la manière dont elle était nourrie au village. On le fera adroitement, car si elle sait prévoir que le menu de ses repas va être la conséquence de ses réponses, ces dernières ne seront point exactes : l'instinct du bien - être prendra le dessus. On ne croira donc qu'une partie de ce qu'elle dira. Elle subirait d'ailleurs la première les fâcheuses conséquences de ces petits mensonges et plus tard elle aurait à s'en repentir, car, en raison de la diminution de son lait, elle risquerait de perdre sa place.

Aussi faut-il tenir compte de l'ignorance dans laquelle elle est, et un avertissement, doucement glissé à propos de l'influence de la nourriture habituelle sur la lactation, sans qu'on ait l'air de parler d'elle particulièrement, mais des nourrices en général, la fait ordinairement réfléchir et on la retrouve mieux disposée.

Quoiqu'il en soit, les renseignements recueillis peuvent servir de guide, et en se basant sur les aliments les plus usités à la campagne, on arrête le régime qu'elle va suivre. Laitage, soupe aux légumes, peu de viande, bière en petite quantité, et encore moins de vin. Tel doit être le début.

On arrive ensuite par degrés à introduire un certain confortable, sans jamais cependant passer d'un extrême à l'autre. L'alimentation sera bonne, mais mixte et variée : viandes et légumes, bière aux repas ou eau rougie, un verre de vin deux ou trois fois par semaine, ou tous les jours si la nourrice est d'un tempérament lymphatique assez prononcé.

La sécrétion du lait absorbant à son profit une notable proportion du liquide confié à l'économie, il est nécessaire de laisser boire de la bière dans le courant de la journée, en dehors des repas. Il y a des femmes qui préfèrent la tisane d'orge ; il faut, sur ce point, satisfaire leur goût.

Habituez la nourrice à manger régulièrement aux mêmes heures ; c'est la meilleure condition pour que les digestions se fassent bien.

La bière, très en vogue dans notre pays, est préférable lorsqu'elle est jeune. Trop vieille, elle peut en effet, par son acidité, nuire à la qualité du lait, non pas directement, mais par l'intermédiaire de l'élaboration alimentaire qui deviendra impossible ou tout au moins restera imparfaite.

Ce que j'ai dit précédemment de la nourriture de la mère, s'applique également à celle de la nourrice : la question a même pour celle-ci beaucoup plus d'importance qu'on ne le suppose.

On voit, par exemple, venir de leur village, avec tous les signes extérieurs d'une magnifique santé et pourvues d'un lait riche et abondant, des nourrices dont certainement la table n'était pas souvent chargée de mets, je ne dirai pas succulents, mais tout simplement substantiels ; ainsi la viande, si ce n'est sous forme de salaison, n'y apparaissait que rarement.

Dès qu'elles sont en ville, on se hâte de les bien nourrir ; on leur prodigue, maladroitement et sans transition aucune, force viandes rôties, vin de Bordeaux, etc., et un beau jour on est tout étonné que le lait diminue sensiblement, quand il ne manque pas tout à fait.

Remettez cette femme à ses légumes, à sa soupe aux choux et aux carottes, voire même à son lard ; servez-lui sa boisson ordinaire qui est le plus souvent de l'eau, et son lait se reproduira. On est quelquefois obligé, dans ces circonstances, de rendre le cidre aux Picardes et aux Normandes.

Voici, à propos de ces considérations sur l'influence de la nourriture en général, un fait dont j'ai été témoin.

Une femme de journalier, habitant une commune des environs, ne buvait habituellement que l'eau d'une fontaine coulant auprès de sa demeure. Elle avait du lait en si grande abondance qu'elle se décida à aller demander un nourrisson dans un bureau de nourrices de Paris.

Là, croyant bien faire, elle épuise ses ressources pécuniaires à boire du vin et à mieux se nourrir que chez elle. Cependant chaque jour le lait tarit et c'est à peine si son enfant y trouve alors une alimentation suffisante.

Elle s'empresse de regagner son pays et, revenue à son régime d'autrefois, à son eau de fontaine, elle voit de nouveau ses seins se remplir abondamment de lait. Toutefois je ferai observer que les aliments n'ont pas été ici la seule cause de cette modification dans la sécrétion lactée. Sans aucun doute le changement de lieu, le logement, le défaut d'hygiène y ont contribué pour une large part.

13° *Hygiène.* — *Soins de toilette.* — *Promenades de la nourrice.* — *Surveillance dont elle doit être l'objet.* — *Sa chambre à coucher.* — *Ses occupations.*

Il appartient à la mère de surveiller et de diriger l'hygiène de la nourrice. Sans que cela soit trop visible, elle inspectera tout ce qui a trait à sa toilette. Elle lui recommandera de changer de linge, de se nettoyer la tête, les dents, en lui faisant sentir l'avantage de ces soins de propreté.

Il en est même, parmi ces derniers, que la plupart des villageoises ne connaissent pas : une mère fera très-bien de l'initier à ces détails délicats, dont elle exigera l'exécution. Elle devra aussi s'enquérir auprès de sa bonne ou de la blanchis-

seuse si les règles n'ont point reparu. Au besoin,
elle interrogera la femme elle-même à ce sujet.

Pas de nourrice au salon; ce n'est point là sa
place, et sa santé en souffrirait. Au contraire,
promenades en plein air quand le temps le permet
et à l'heure la plus favorable de la journée. Mais
jamais elle ne sortira seule. La mère ou une personne sûre l'accompagnera toujours. Pour aucun
motif, on ne commettra la faute de déroger à cette
mesure. Je viens d'avoir sous les yeux une preuve
nouvelle du danger qui est à redouter en pareil
cas. Une nourrice, dont on était très-content sous
tous les rapports, a dû être renvoyée. Livrée à
elle-même pendant un court espace de temps,
elle se trouvait dans des conditions qui, de toute
rigueur, font interrompre l'allaitement.

La nourrice aura une chambre à coucher convenable, c'est-à-dire assez grande, bien aérée et,
autant que possible, voisine de celle de sa maîtresse. Quand l'appartement de la mère est assez
vaste pour contenir deux lits et le berceau, j'y
fais installer la nourrice. La surveillance est alors
plus facile et plus complète, surtout aux débuts.

Il est nécessaire qu'une nourrice s'occupe, car
l'oisivité nuit à la santé. Sans se fatiguer, et sans
trop s'exposer à de brusques variations de tempé-

rature, elle s'acquittera de quelques petits travaux de lessive et de jardinage, du service intérieur de la maison, de toutes choses enfin qui exigent un peu d'exercice et de mouvement. Je les préfère aux ouvrages à l'aiguille qui sont par trop sédentaires et qui n'entrent pas dans les habitudes d'une ex-villageoise.

Je terminerai cette lettre, en vous parlant d'un point de pratique qui réclame de la part des parents et du tact et de la patience. Il s'agit des rapports que la famille aura avec la nourrice.

14º *Rapports de la famille avec la nourrice.* — Avant tout, évitez de la contrarier inutilement : la santé de l'enfant pourrait en souffrir. Au contraire, il est bon de chercher à captiver sa confiance en lui adressant de temps en temps des paroles d'amitié et d'attachement. Une semblable bienveillance lui sera très-agréable et la disposera bien en faveur de son nourrisson. Cependant, pas de complaisances trop répétées, ni d'extrême faiblesse, car vous perdriez vos avantages. Dès le premier jour il faut adopter un juste milieu et ne plus en dévier pendant toute la durée de l'allaitement.

La famille promettra à la nourrice de se montrer reconnaissante de cœur et de bourse si elle a un bel élève et si elle le soigne avec attention et dévouement, mais elle lui annoncera que cette récompense conditionnelle ne lui sera accordée qu'à l'époque du sevrage.

Parfois, à titre d'encouragement qui n'est pas à dédaigner, on lui donne l'espoir, la certitude même, qu'elle restera dans la maison comme servante, lorsque ses fonctions de nourrice seront terminées.

Dans les conversations qui ont lieu en sa présence, il serait utile que le hasard ou l'intention amenât la question du changement de nourrice. La mère en profiterait pour déclarer que cette particularité est loin d'avoir les inconvénients qu'on lui attribue et que cependant elle est très-désireuse de conserver auprès d'elle la femme qui allaite actuellement son enfant. Ces paroles ne seront point perdues et la nourrice saura gré de la préférence à la dame qui l'a prise à son service ; mais elle n'oubliera pas non plus qu'au besoin il serait très-simple et très-facile de la remplacer.

A cette occasion, je vais vous raconter, Madame, ce qui s'est passé chez une de mes clientes. Cela vous donnera une idée de l'accueil que nous devons faire à certaines prétentions des nourrices, et vous indiquera aussi la conduite à tenir en pareil cas.

Une nourrice nous convenait. Peu de temps après son installation, elle demande à aller voir, à quatre lieues de la ville, sa mère, légèrement indisposée. On lui propose d'envoyer un exprès, afin d'avoir directement des nouvelles de cette santé qui l'intéresse si justement. Elle n'accepte point et continue à vouloir partir en emportant, si l'on y consent, son jeune nourrisson.

La maîtresse inquiète, contrariée de cet incident, est presque décidée à l'accompagner, et à tout hasard elle me fait prévenir de ce qui arrive. J'avais une belle nourrice inscrite sur mon carnet. Je l'envoyai chercher et la présentai à celle qui se montrait intraitable en lui disant qu'on allait prendre immédiatement sa place, si elle persistait à mettre son projet à exécution.

Ce fut une métamorphose complète, un véritable coup de théâtre. Elle se plia très-docilement à notre volonté, et elle resta fort longtemps dans cette famille sans plus jamais parler de la moindre excursion.

Nous avons toujours pensé que l'amour filial n'avait pas été, dans ces circonstances, son principal et véritable mobile.

En résumé, Madame, tout le monde comprendra et sera d'avis qu'une nourrice ne peut pas être traitée sur le même pied qu'une domestique ordinaire. La mère ne lui devra-t-elle pas la santé de son enfant ? Mais il est indispensable qu'elle sache que, malgré ces sentiments de gratitude,

on ne se résoudra jamais à être l'esclave de ses
caprices. Avec un pareil programme, tout mar-
chera pour le mieux.

A ma prochaine lettre, Madame, la *nourrice à la
campagne* et le *changement de nourrice* que je n'ai
fait qu'effleurer ici.

Daignez agréer, etc.

« La nature elle-même veut que les premières années
» de l'enfant se passent sous l'œil et la main de sa mère.
» Les exceptions ne contredisent pas cette grande règle.
  » La véritable nourrice, c'est la mère ; le véritable asile,
» c'est le logis. »

(THÉRY, t. 1, p. 2.)

« Moïse, abandonné dans son frêle berceau au gré des
» flots et des vents, n'était pas plus exposé que les milliers
» d'enfants que chaque année l'insouciance ou l'aveu-
» glement des parents confie aux nourrices lointaines
» ou prive du lait maternel, pour les condamner à être
» nourris par le lait frelaté du biberon. »

(DÉCLAT, p. 307.)

« La seule mise en nourrice augmente la mortalité
» environ des deux cinquièmes, ainsi qu'il résulte des
» recherches de M. Benoiston de Châteauneuf. »

(BÉCLARD, p. 32.)

VINGTIÈME LETTRE

De l'Allaitement par une nourrice. (*Suite et fin.*)
**Nourrice à la campagne et changement
de nourrice.**

SOMMAIRE. — Nourrice *externe*, *à la campagne*. Plutôt une
femme mariée qu'une fille-mère. — Hygiène de sa demeure et
du voisinage. — Aisance qui règne dans son ménage. — Etat
de son nouveau-né. — Le faire sevrer. — Pour cette raison l'on
prend des femmes accouchées depuis cinq ou six mois. —
Examen complet de la nourrice souvent impossible ici. — Utilité
des visites et de la surveillance des parents. — Artifices et
mensonges des nourrices et quelquefois de leur entourage. —
Exemples. — Accidents qui peuvent se manifester chez la
nourrice en général. — 15° Changement de nourrice. — L'importance qu'on lui suppose n'existe pas et l'on se trompe en
le croyant nuisible. — Exemples. — Comment il faut s'y prendre quand on veut changer de nourrice.

MADAME,

La plupart des questions que j'ai agitées à propos de la nourrice *sédentaire* ou *sur lieu*, s'appli-
quent aussi à la nourrice *externe*, qui reste *à la
campagne* et chez laquelle on place le nourrisson.
Telles sont, par exemple, celles qui ont trait à

sa santé, son physique, son âge, l'état de son enfant, etc., etc. Il est donc inutile de vous en entretenir de nouveau, et nous ne nous occuperons que des points différentiels.

Ici, il est nécessaire que ce soit une femme mariée plutôt qu'une fille-mère, parce que, ne pouvant plus surveiller de près sa conduite, nous devons nous entourer d'autres garanties.

On visitera à l'avance sa demeure, afin de voir si la propreté y règne et s'il y a quelque aisance dans le ménage.

L'hygiène, non-seulement du local, mais encore du voisinage, sera également consultée.

Je cherche, autant que possible, une nourrice qui n'ait pas trop d'enfants. Cette agglomération, nuisible d'abord au point de vue de l'air respirable, ne le serait pas moins sous le rapport des occupations nombreuses, imposées à la femme qui serait ainsi forcée de négliger le nourrisson. Elle pourrait encore avoir des conséquences plus graves, attendu que les maladies des enfants sont généralement contagieuses.

De même que pour la nourrice *sédentaire*, je m'assure que les seins sont bien fournis de lait. Quant à leur forme, je les prends tels qu'ils sont, c'est-à-dire la plupart du temps dans les conditions voulues pour l'allaitement. En effet nous n'a-

vous que par exception affaire à des primipares
ou femmes qui accouchent pour la première fois :
ces mamelles ont donc déjà du service et ont
fait leurs preuves.

Enfin, et cela mérite considération, cette catégorie de nourrices est assez rare dans le pays où
j'exerce pour qu'on n'ait pas souvent un grand
choix sous la main. Le bon état et la santé floris-
sante de son enfant sont pour moi les meilleures
recommandations.

Beaucoup de femmes ont la prétention de pouvoir allaiter deux enfants à la fois. Cette prétention est rarement justifiée et toujours j'exige
que l'enfant de la nourrice soit sevré. Parfois elle
promet de le faire, sans en avoir cependant l'intention. La famille doit veiller attentivement à ce
que cette mesure soit fidèlement exécutée, car
voici souvent ce qui arrive :

L'enfant a le lait de sa mère et le nourrisson,
trouvant la source épuisée, est satisfait avec du
lait de vache ou mieux avec une indigeste bouillie. C'est dire assez que sa santé va être fortement
compromise.

Aussi, est-ce pour cette raison que, contrairement à ce que j'ai dit en parlant de la nourrice
sédentaire, je préfère, dans le cas présent, des
femmes accouchées depuis cinq ou six mois.
Avant cette époque, elles ne veulent point risquer

la vie de leur propre enfant en le sevrant trop tôt, et je ne saurais réellement que les approuver de cette généreuse pensée.

Je ne parle point ici de l'examen complet de la nourrice, car il est bien moins opportun pour une femme mariée que pour une fille-mère.

Ce serait encore, il faut en convenir, une très-sage précaution, mais malheureusement cette proposition n'est presque jamais acceptée. Elle est, au contraire, énergiquement rejetée par ces mères villageoises.

Je vous ai déjà dit, Madame, que l'allaitement par une nourrice sédentaire est généralement fort mal accueilli ; pour celui-ci il n'y a pas d'hésitation : personne ne veut en entendre parler. Ce n'est peut-être pas sans motif, si j'en juge par ce qui se passe autour de moi.

En effet, les nourrices de la campagne ne voient là qu'une pure et simple affaire de spéculation ou, ce qui est plus exact, de tromperie ; elles sont loin de s'acquitter de leurs devoirs et de s'en faire un cas de conscience.

Peu leur importe que leur élève soit faible ou bien portant : la constitution, la santé des parents sera toujours invoquée par elles et mise en avant pour excuse. C'est pourquoi, je l'avoue, je me vois bien malgré moi obligé de préférer le biberon à la nourrice externe.

Cependant, quand on a la chance de rencontrer, à peu de distance de la ville, quelque honnête paysanne, bonne mère de famille, sur laquelle on a des renseignements favorables, mieux vaut encore recourir à ce dernier parti.

Seulement, que les parents se pénètrent bien de l'utilité des visites souvent répétées à différentes heures de la journée, tantôt le matin, tantôt le soir, au moment des repas, irrégulièrement, en un mot, afin que leur arrivée soit tout à fait inattendue.

Qu'ils fassent chaque fois enlever le maillot et vérifient si l'enfant est tenu proprement. Qu'ils jettent un coup d'œil dans la maison pour examiner s'il n'y a point de tasse ou de petite casserole, contenant la bouillie destinée à remplacer le lait de la femme. Quelquefois même des vestiges de cette nourriture intempestive subsisteront sur les vêtements de l'enfant, au devant de la poitrine, et trahiront le délit.

Signalons aussi une funeste habitude qu'ont beaucoup de nourrices dans le but d'obtenir le silence de l'enfant. Elles placent dans un morceau de linge fin une figue, un peu de pâte de jujube ou du pain trempé dans le lait, etc., et, après avoir jeté un bout de fil de manière à imiter grossièrement la forme du mamelon, elles enfoncent cet appareil dans la bouche du nourrisson. Le vulgaire appelle cela ici une *tutaine* ou une *sucette*.

L'enfant s'épuise en vains efforts pour n'obtenir qu'un atôme de substance alimentaire et la continuité de cet acte inutile le plonge rapidement dans un état de dépérissement déplorable. Vous ne pourrez jamais croire, Madame, que des mères ont adopté pour leur enfant cet absurde système ; il en est pourtant ainsi et, presque toujours alors, c'est une bande de pâte de jujube qui a les honneurs de la préférence.

Mais revenons à la nourrice.

Ces inspections fréquentes permettent aux parents de constater par eux-mêmes que sa santé continue d'être excellente.

Du reste, qu'on le sache bien, tout ce que l'imagination peut enfanter d'artifices et de mensonges est employé par les nourrices et leur entourage.

Deux faits tout récents vont prouver ce que j'avance ici.

Un enfant est donné à une nourrice connue depuis longtemps, et en qui l'on avait la plus grande confiance. Son village était assez éloigné de la ville et ce long parcours empêchait les parents d'y aller fort souvent. On recevait constamment les nouvelles les plus rassurantes sur la position de l'enfant. Un jour le hasard y mène un ami de la famille. Il trouve la femme atteinte d'une fièvre typhoïde grave et le nourrisson élevé bien tranquillement au biberon.

Inutile de vous dire que l'enfant fut retiré le lendemain.

Voici un autre exemple qui démontre le vil amour du gain chez certaines nourrices.

Un premier enfant est parfaitement nourri à la campagne par une femme mariée à qui les parents enchantés font force présents. La jeune mère, redevenue enceinte peu de temps après, est tout de suite d'avis de confier à la même nourrice son futur nouveau-né. Les arrangements sont pris sans que je sois consulté. Il y eut pour ainsi dire échange de nourrissons : le plus jeune frère succéda à l'autre.

Eh bien ! à cette époque, cette nourrice était grosse et, pour avoir les avantages de quelques mois de plus et les bénéfices souvent perçus au baptême, elle risqua pour ainsi dire la vie de ces deux enfants, surtout du dernier, attendu que son lait avait à peu près disparu. Elle l'aurait gardé plus longtemps encore si son mari, plus consciencieux, ne l'avait forcée à rendre le nouveau-né qui se trouvait déjà dans une situation alarmante.

Quelques lignes maintenant à propos des accidents qui peuvent se manifester chez les deux espèces de nourrices.

Toute maladie, autre qu'une légère indisposition, nécessiterait leur remplacement.

S'il survenait des crevasses dans le cours de l'allaitement, ce qui se présente parfois, il faudrait encore songer à en choisir une autre. Cela dénote le plus souvent une mauvaise qualité du lait ou tout au moins une trop grande irritabilité des organes. De plus, nous savons que l'ingestion du sang ou du pus peut avoir pour l'enfant des conséquences funestes. Quant à l'influence de la menstruation sur la qualité du lait, vous n'ignorez pas ce qu'il faut en penser. Enfin, lorsque sans cause connue ou appréciable l'enfant dépérit ou ne se développe pas, on change de nourrice.

15° *Changement de nourrice.* — Ce changement de nourrice est un sujet de tourments pour les parents qui lui accordent une importance certainement fort exagérée. Vous rencontrez là encore une de ces erreurs, qui ont tellement pris racine dans l'esprit des familles qu'il est bien difficile de les détromper à ce sujet.

Acceptez le fait, Madame, à titre de détail assez insignifiant ; mieux vaut changer trois ou quatre fois de nourrice, que d'élever un enfant au biberon.

Les différences qui existent, quant à la composition, dans le lait de plusieurs femmes, ne sont pas assez sensibles pour qu'elles soient capables d'exercer une action fàcheuse. C'est toujours du lait de femme, par conséquent de même nature.

Or, nous donnons parfois, quoique en petite quantité, le lait de vache en même temps que le lait de la mère.

Tout ce que peut avancer l'expérience si accréditée de certaines gens contre le changement en question ne repose sur aucun document sérieux. Chaque jour, au contraire, nous recueillons des preuves, je ne dirai pas seulement de son innocuité, ce ne serait pas assez, mais bien de ses immenses avantages.

En voici deux entre mille autres.

M. Donné cite l'histoire d'une pauvre femme qui n'avait pas de lait et qui cependant ne voulait pas se séparer de son enfant pour le mettre en nourrice. La santé de ce nouveau-né, nourri d'abord au biberon, courait de grands périls.

M. Donné engagea cette mère à se rendre plusieurs fois par jour dans un bureau de nourrices et à demander à chacune d'elles quelques cuillerées de lait.

Elle le fit exactement pendant une semaine, et elle eut le bonheur de voir son enfant se ranimer et devenir assez bien portant pour digérer le lait de vache de première traite.

Voilà, certes, un fait qui, sans déposer directement en faveur du changement de nourrice, démontre au moins que la variété du lait, poussée même à l'excès, n'amène aucun résultat regrettable.

De mon côté j'ai recueilli l'observation suivante.

Un enfant élevé au biberon parce que sa mère

n'avait pas de lait, et cela à la campagne, dans d'excellentes conditions d'hygiène, me fut présenté à deux mois. Il était tellement maigre qu'on craignait positivement de le toucher. Une petite figure sèche, animée par deux grands yeux, lui imprimait un cachet de vieillesse anticipée.

Une première nourrice lui est donnée. Elle ne paraissait point très-bonne, mais en ce moment on n'en trouvait pas d'autre. Force fut donc de s'en contenter. Il fallut bientôt songer à la remplacer parce que le lait manquait.

Une deuxième, dans de meilleures conditions de lactation, dut être congédiée pour son extrême malpropreté.

Enfin nous rencontrons une nourrice qui convient parfaitement.

L'enfant, qui était pesé tous les huit jours, et qui n'augmentait pas de poids jusque-là, se mit à grossir au point de dépasser sept kilogrammes à l'âge de cinq mois. C'était alors un enfant magnifique.

Lorsqu'on veut changer de nourrice, il est bon de prendre les précautions que je vais vous indiquer. Ne pas avertir à l'avance la nourrice qui va être renvoyée ; ne pas même lui laisser soupçonner en quoi que ce soit cette détermination. On en cherche une autre sans rien dire et quand on l'a trouvée, on lui confie l'enfant et l'on remercie la première. L'argent se charge de rendre le départ moins pénible.

En agisssant autrement on s'expose à mécontenter la nourrice qui peut s'en impressionner assez pour être malade, et avoir par suite un lait moins abondant, ou plus nuisible que jamais à l'enfant.

D'un autre côté, si elle a un mauvais caractère, le nourrisson sera exposé à souffrir de ce contre-temps, toutes les fois qu'on n'aura pas l'œil sur elle, ou bien elle ne lui donnera plus les mêmes soins qu'auparavant.

J'ai terminé, Madame, tout ce que j'avais à vous dire sur l'*allaitement par les nourrices*.

Dans ma prochaine lettre je traiterai brièvement de l'*allaitement par les animaux*, et je commencerai l'*allaitement artificiel*.

Daignez agréer, etc.

« C'est merveille de voir avec quelle intelligence et
» quelle bonté ces animaux offrent leur mamelle aux
» enfants, leurs nobles nourrissons ! »

(Déclat, p. 128.)

« Cette dernière méthode est si rarement employée de
» nos jours que je ne fais que la citer ici pour mémoire. »
(Dr Bellevue. — Société hâvraise. — 1859, p. 257.)

« Non-seulement le nouveau-né est atteint de muguet,
» mais il pâlit, maigrit, tombe dans le marasme et suc-
» combe quelquefois après avoir présenté les symptômes
» de l'entérite, souvent sans avoir offert d'autres phéno-
» mènes que ceux d'un affaiblissement progressif. »

(Dr Seux, p. 15.)

« Nourrir en effet au biberon ou à la cuillère c'est, à
» moins d'une surveillance inouïe et d'une intelligence
» peu commune, exposer l'enfant à mourir *dix fois sur*
» *douze* ou *quatre-vingt fois sur cent*, tandis que sur
» *cent enfants*, l'allaitement naturel en perd *trente-cinq*
» à peine.
» L'allaitement artificiel constitue donc, hors des cas
» rares, *presque un meurtre*, et doit, par ce motif, être
» complètement rejeté. »

(Dr Fonteret, p. 199.)

« L'enfant nourri par des moyens artificiels n'acquiert
» jamais le degré de perfection auquel il était destiné ;
» il demeure en proie à la faiblesse nerveuse et aux
» maladies du système glandulaire. »

(Hufeland, p. 483.)

VINGT ET UNIÈME LETTRE

De l'Allaitement par les animaux.
De l'Allaitement artificiel. — Ses dangers.

SOMMAIRE. — La chèvre est généralement chargée de cet office. — Inconvénients et exigences de cette sorte d'allaitement. Mieux vaut une nourrice.

On ne doit recourir à l'allaitement artificiel que si l'on ne peut faire autrement. — Statistique de mortalité. — Motifs allégués par les partisans de ce système. — Conséquences de cet allaitement pour l'avenir de l'enfant. — Circonstances qui autorisent et prescrivent même l'alimentation artificielle.

MADAME,

Il me reste à vous tracer une dernière page de l'allaitement *naturel*. Je veux parler de l'allaitement *par les animaux*, qui nous servira de moyen de transition pour arriver à l'allaitement *artificiel*.

Cette méthode, d'ailleurs peu usitée, est loin de répondre à tous les besoins de l'économie du nouveau-né, et elle présente, en outre, dans son application, des difficultés souvent insurmontables.

La chèvre est l'animal que l'on choisit ordinairement. C'est un charmant spectacle de voir ce gracieux animal accourir empressé aux premiers cris de l'enfant, se placer avec précaution au-dessus du petit berceau nécessaire pour cet allaitement, et offrir au nourrisson une mamelle que ses lèvres saisissent avec avidité. On a vu, dit-on, de ces bonnes chèvres, à l'époque du sevrage, suivre longtemps la voiture qui emportait leur jeune élève, tant il leur était pénible de s'en séparer.

En admettant que de telles histoires soient vraies, je ne regarderai pas cette particularité comme un argument sans réplique en faveur de l'allaitement par les chèvres. J'en dirai tout autant de l'influence de ce lait sur le caractère de l'enfant; je ne trouve là qu'une induction fort gratuite qui est loin d'être prouvée.

D'autre part ce mode d'alimentation est très-coûteux ; il occasionne beaucoup d'embarras, sans cependant apporter de notables compensations. Ainsi, il faudra un local convenable pour loger la chèvre ; sa nourriture ordinaire ne lui suffira pas, et il sera indispensable qu'elle aille de temps à autre brouter dans un bon pré.

Si les parents du nouveau-né habitent la ville, si leur maison est exigüe, si l'accouchement a lieu en hiver, etc., etc., comment satisfaire à toutes ces conditions qu'il est cependant impossible de négliger ?

Et puis, ne croyez pas, Madame, qu'il soit toujours facile de rencontrer une chèvre apte à s'acquitter de ce service. Pareille nourrice est plus rare que celles dont nous avons parlé plus haut. Il est nécessaire qu'elle soit douce, qu'elle n'ait mis bas que depuis peu de temps. Bien plus, il serait avantageux que l'animal n'en fût pas à ses débuts et qu'il eût déjà fait un élève.

A quoi aboutissent, en fin de compte, ces tracas et ces détails compliqués, qu'on accepte si légèrement? A obtenir un lait trop riche qui sera mal digéré, provoquera parfois des accidents et ne vaudra jamais, en résumé, du lait de femme.

Quand les familles sont dans une position de fortune qui leur permet de se donner le luxe de l'allaitement par une chèvre, je les engage vivement à confier plutôt leur enfant à une étrangère. Ce moyen, beaucoup plus simple, sera préférable à tous les points de vue.

Penser autrement, c'est se retrancher derrière des préjugés qui n'ont plus cours et fermer les yeux à l'évidence. Que ceux qui doutent songent à la manière dont les héritiers des dynasties sont nourris. Ce n'est certainement pas une chèvre qui est chargée de conserver leur existence si précieuse à plus d'un titre. Une grosse et forte paysanne est au contraire jugée digne de cette importante mission.

Quittons, Madame, ce riant tableau de la *chèvre-nourrice*, dont l'éloge est bien plus dans l'imagination de ses partisans que dans les faits positifs de la pratique, et arrivons à *l'allaitement artificiel, au biberon, au petit-pot, à la cuillère, etc.*

Je vous ai déjà, sur ce chap tre, fait connaître franchement ma façon de penser. Pour moi, je le proclame très-haut, chaque fois que l'enfant peut être nourri autrement, je m'oppose formellement de tout mon pouvoir, de toute l'autorité de mon expérience et de mon mandat, à ce que le biberon soit employé.

Les chiffres en effet ont ici une éloquence irréfutable : 80 pour 100, voilà la proportion des décès chez les enfants élevés au biberon, tandis qu'elle se réduit à 35 pour 100, lorsque les nouveaux-nés ont usé de l'allaitement naturel.

Cette statistique, donnée par M. le docteur Fonteret, ne vous semble-t-elle pas décisive, Madame? Votre cœur a déjà répondu et celles qui, fermant l'oreille au vain langage du monde, voudront éclairer leur religion en consultant des hommes expérimentés, fourniront certainement un écho chaleureux à vos bons sentiments.

Et cependant, il est des circonstances où le biberon peut être toléré, il en est même où il est rigoureusement imposé. Mais il ne faut pas conclure de là à une extension générale et croire que cet allaitement puisse toujours et impunément être mis en usage. Il a des dangers très-graves que nous allons passer rapidement en revue, nous réservant ensuite de fixer les limites dans lesquelles il convient de s'en servir.

Les défenseurs de ce système citent des exemples qui, de prime-abord, semblent leur donner gain de cause. En effet, quand l'enfant sait vaincre l'influence de cette alimentation trop substantielle, si prématurément confiée à des organes d'une délicatesse extrême, il franchit rapidement et sans trait d'union, pour ainsi dire, ces premières marches de l'enfance et devient plus fort qu'on ne l'est ordinairement à cet âge.

Ainsi j'ai entendu dire par mon illustre maître, M. le professeur P. Dubois, qu'une de ses clientes, habituée à nourrir ses enfants de cette manière, faisait de très-beaux élèves et voulait persuader à son savant accoucheur qu'il avait tort de ne pas préconiser et propager cette excellente méthode. Il est probable que pour les enfants de cette dame il y avait des raisons de bien-être, d'habitation, d'hygiène, en un mot, qui détruisaient les funestes effets du mode alimentaire.

Néanmoins ces résultats, simples et rares exceptions, en réalité, suffisent pour déterminer les familles à suivre une route où chaque pas rencontre un obstacle. La règle, au contraire, est qu'avec le biberon la mortalité est très-considérable,

mais le public aveugle n'en tient aucun compte
et ne voit que les succès.

Aussi dans les villes, et surtout dans les grandes cités où tant de causes de maladie et de mort
sont accumulées sur la tête du nouveau-né, l'allaitement artificiel tue. Pour ces enfants illégitimes
qui imposent à leurs mères, déjà épuisées et sans
ressources, un surcroît de misère, une charge de
plus, il est, pardonnez-moi l'expression, Madame,
car elle dépeint franchement une pénible pensée, il est comme l'infanticide légalisé et autorisé
par la société.

Tels sont les périls que court tout d'abord l'enfant élevé au biberon.

Sont-ils les seuls et la mère osera-t-elle le croire
sauvé s'il arrive sans accident à l'époque du sevrage ?

On tomberait dans une grande erreur en se
berçant de cette illusion.

Les premiers jours de sa vie ont imprimé à son
organisme une faiblesse dont tout son avenir se
ressentira. L'application la mieux entendue et la
plus rationnelle des lois de l'hygiène ne parviendra jamais à consolider ces fondations trop dé-
biles. L'édifice péchera toujours par la base.

Plus tard, languissant, étiolé, couvert d'engor-
gements glandulaires, incapable de supporter la
moindre intempérie, l'enfant devenu adulte sera
un jeune homme pour qui beaucoup de carrières

resteront fermées en raison de sa frêle constitution, ou une jeune fille qui se trouvera dans l'impossibilité, aussi pour motif de santé, de songer
au mariage et au bonheur de la maternité.

Croyez-vous, Madame, que ces pauvres déshé-
rités ne soient point excusables de déplorer du
fond de leur cœur les fâcheux errements dont
une mère mal inspirée ou mal conseillée les a
rendus victimes?

Ces tristes conséquences de l'allaitement artificiel sont parfois moins lentes à se manifester.
Ainsi un enfant que j'ai vu élever au biberon et
qui a été entouré de tous les soins possibles par
les parents, nous a d'abord offert une complexion
satisfaisante. Mais peu à peu ses jambes se sont
courbées : à dix-huit mois il était rachitique.

L'allaitement *artificiel* doit donc être et est en
effet condamné par la grande majorité des médecins.

Cependant, nous l'avons reconnu, il est juste
de lui accorder le bénéfice de circonstances at-
ténuantes qui, sans lui laisser sa libre pratique,
le feront avantageusement appliquer à quelques
cas particuliers.

Ce sont ces exceptions que j'examinerai dans
ma prochaine lettre où je commencerai à tracer
les règles d'une bonne alimentation artificielle.

Daignez agréer, etc.

« Désastreux dans les hospices consacrés aux nou-
» veaux-nés, funeste dans les grandes villes, proscrit par
» la plupart des Médecins et condamné par les résultats
» de la statistique, l'allaitement artificiel, s'il est dirigé
» avec une sollicitude de tous les instants et le concours
» des bonnes conditions hygiéniques, peut réussir dans
» l'intérieur des familles et particulièrement à la cam-
» pagne. »

(Michel Lévy, t. II, p. 138.)

« Là, en effet, il est possible d'être à peu près sûr de
» la santé de l'animal, de la nourriture qu'il prend et des
» bonnes qualités de son lait. D'ailleurs les excellentes
» conditions atmosphériques, au milieu desquelles se
» trouve l'enfant, compensent jusqu'à un certain point
» ce qu'il y a d'imparfait dans son alimentation. »

(Cazeaux, p. 1031.)

« Si l'enfant naissait infecté d'un vice contagieux, je
» regarderais comme un devoir à sa mère de le nourrir
» et, dans le cas où cela ne lui serait pas possible, de
» l'élever avec le lait des animaux. »

(Chailly-Honoré, p. 1043.)

VINGT-DEUXIÈME LETTRE

De l'Allaitement artificiel. (*Suite.*)
Indications et conditions.

SOMMAIRE. — Exemples de l'allaitement artificiel indiqué comme nécessité ou comme extrême ressource. — Manière d'y procéder. — Trois questions à examiner. — 1° Milieu dans lequel vivra l'enfant. — 2° Instruments dont on se servira. — Biberons Thier, Darbo, Charrière, Mathieu, Piquart, Burq, Guilbot, Jamet, Leplanquais, etc. — Ecoulement trop facile et trop abondant du liquide. — Moyens employés pour y remédier.

MADAME,

L'allaitement artificiel est, à mes yeux, une dure extrémité, mais, quel que soit notre désir de maintenir les familles dans une bonne voie, il arrive que des raisons matérielles nous obligent à y recourir. Citons, à ce propos, quelques exemples.

Une mère n'a pas de lait ; sa fortune, le local qu'elle habite, ne lui permettent pas de prendre une nourrice sédentaire. Elle en est réduite, ou à élever son enfant au biberon, ou à l'envoyer en nourrice à la campagne. Vous connaissez la mauvaise réputation de cette sorte de nourrice : aussi la mère donne-t-elle la préférence à l'allaitement artificiel.

Quand, par une heureuse exception, je rencontre à peu de distance de la ville une villageoise qui m'inspire de la confiance, et que je suppose la résolution de la mère dictée en partie par l'économie, je tente un dernier effort et je plaide encore l'allaitement naturel.

Je ne manque pas de faire observer que l'allaitement au biberon, qui exige beaucoup de soins et suscite nuit et jour mille embarras, entraîne également à d'assez fortes dépenses. Ainsi le lait, les bouteilles brisées, les bouts de sein à renouveler, les gages d'une bonne chargée exclusivement de soigner l'enfant, tout cela produit un chiffre qui dépasse considérablement le prix d'une nourrice, lorsqu'on a atteint l'époque du sevrage.

Cependant, tous ces arguments tombent d'euxmêmes quand la femme convenable nous fait défaut, et force est bien alors d'accepter le biberon.

Ailleurs, on craint chez un nouveau-né la manifestation d'accidents héréditaires contagieux qui empêchent de le confier à une étrangère. La mère est trop faible ou n'a pas de lait ; en un mot,

elle est incapable de nourrir son enfant. Le biberon est une dernière ressource qui peut rendre
de grands services, surtout si l'on met à profit
les améliorations apportées à la science par M. le
docteur Labourdette (1).

Dans le cas de grossesse gémellaire, la mère
voulant allaiter elle-même ses deux enfants, on
doit faire usage du biberon, afin de parer à l'insuffisance du lait maternel.

Si quelque accident passager aux seins, comme
érosions, crevasses, etc., nous engage, pour obtenir une prompte guérison, à suspendre l'allaitement naturel, tout en nous laissant l'espérance
de pouvoir le reprendre plus tard, le biberon sera
le bien-venu.

On agira de même quand la mère sera atteinte
d'une légère indisposition qui, sans condamner
pour toujours les fonctions des mamelles, de-
manderait une relâche de courte durée.

_____

(1) Ce médecin est parvenu à donner au lait des animaux les propriétés médicamenteuses nécessaires pour
combattre certaines affections constitutionnelles. Il a pu
remplacer ainsi fort avantageusement le traitement direct, toujours dangereux pour les faibles organes du
nouveau-né.

Nous voyons là une application très-rationnelle et
très-utile de l'allaitement par un animal et par le biberon. Aussi ai-je cru, malgré son caractère un peu scientifique, devoir mentionner ici cette importante découverte.

Telles sont les occasions les plus fréquentes qui autorisent et commandent l'emploi du biberon.

Une fois ce mode d'alimentation admis, comment faut-il procéder pour échapper plus sûrement aux dangers qu'il présente et arriver heureusement au port?

C'est ce que je vais examiner, Madame, en vous entretenant de trois questions essentielles, savoir:

1o Le milieu dans lequel vivra l'enfant ; 2o l'instrument dont on se servira ; 3o la qualité du liquide employé.

1o *Milieu dans lequel vivra l'enfant.* — De l'avis de tous les médecins, le séjour à la campagne offre des avantages incontestables. Les excellentes conditions d'hygiène dans lesquelles le nouveau-né se trouve alors, sont, en effet, de nature à contrebalancer les inconvénients de l'allaitement artificiel. Sans aucun doute, c'est ainsi qu'il faut s'expliquer les succès constants de cette dame dont je vous ai parlé dans ma dernière lettre. Lorsque la chose est impraticable, que la mère ne peut quitter la ville pour aller vivre au village, qu'elle ne veut pas non plus s'en rapporter à la vigilance d'une étrangère ou même d'une parente, il faut exagérer pour le nouveau-né toutes les précautions sanitaires dont nous

nous occuperons plus loin, à propos de l'hygiène générale de l'enfant à la mamelle ; la chambre qui lui sera destinée sera vaste, exposée autant que possible au midi ; on lui fera faire de petites promenades chaque fois que la température extérieure ne s'y opposera point. En été, ces excursions auront lieu à la campagne. Les soins de toilette seront l'objet d'une surveillance de tous les instants, etc., etc.

2° *Instrument dont on se servira.* — Ce n'est point sous le rapport de l'instrument, comme on paraît le croire généralement, que l'allaitement artificiel est pernicieux et mérite la désapprobation qui l'a frappé. Il faut avec beaucoup plus de raison en accuser le liquide même qu'on emploie. L'instrument n'a pas grande importance et le plus simple serait le meilleur ; toutefois celui qui, à l'aide de quelques perfectionnements, rend l'administration du liquide plus facile et plus hygiénique, n'en est pas moins digne de nos encouragements.

D'un autre côté, les biberons Darbo, Thier, Charrière, Mathieu etc., qui sont certainement jolis et ingénieux, non-seulement coûtent assez cher, ce qui est à considérer, mais encore exigent, pour être tenus proprement, des précautions extraordinaires, qu'il serait difficile d'observer dans toutes les familles. Ces deux obstacles levés, nous ne pouvons que conseiller l'usage de pareils biberons, surtout s'ils sont munis d'un mamelon artificiel en ivoire ramolli, substance dont la pression est agréable, et qui ne se détériore point trop vite.

Une petite fiole, dont le goulot est fermé par une éponge couverte d'un morceau de mousseline qui la fixe solidement au moyen d'un fil ou d'un cordon, compose l'appareil le moins compliqué et le plus à la portée de tout le monde. Cependant ces fioles me paraissent pécher au point de vue de la propreté. En effet, quelque attention qu'on mette à laver soigneusement l'éponge, aussitôt que l'enfant s'en est servi, elle conserve toujours une certaine quantité de lait et elle présente bientôt une odeur désagréable et véritablement repoussante.

Un biberon simple, consistant en une bouteille garnie d'un bouchon perforé dans toute sa longueur et sur lequel est maintenu, par une virole en buis, un bout de sein en liége, en caoutchouc, en tétine de vache, peut être nettoyé plus facilement et a le mérite d'être d'un prix assez modique.

Le biberon de Mlle Picquart ne diffère du précédent que par le bouchon obturateur qui est en cristal et non en liége, et par son *tube aérifère* dont nous reparlerons plus loin. Seulement sa valeur pécuniaire le range parmi ceux qui ne sont pas accessibles à toutes les bourses.

Enfin, on fabrique maintenant avec le caoutchouc des mamelons terminés en forme de bouchons. Il suffit de les poser sur n'importe quelle bouteille pour avoir immédiatement un biberon complet. L'odeur du caoutchouc disparaît assez vite et ce système, qui n'exige guère plus de dépense, vaut mieux que la simple éponge.

Quelle que soit la matière employée pour confectionner le mamelon artificiel, il est nécessaire de le renouveler de temps en temps. Nous ferons remarquer que celui qui est en tétine de vache, interrompt, en s'aplatissant, le cours du lait et que de plus il se putréfie rapidement.

Je n'oublierai pas de vous signaler, Madame, une particularité qu'on rencontre aussi dans l'allaitement naturel, mais à titre d'exception, tandis que pour le biberon, elle constitue la règle. Il s'agit de l'écoulement trop prompt et trop facile du lait; celui-ci doit sortir du sein de la femme avec une certaine régularité, et dans une mesure que la succion de l'enfant accélère ou modère à sa convenance.

Tel est l'état des choses, lorsque les vaisseaux *galactophores*, qui portent le lait au dehors, ont leurs dimensions normales. Parfois, au contraire, les mamelons fournissent le liquide en trop grande abondance. Les biberons ont tous ce défaut-là.

Aussitôt l'aspiration faite, et, par suite, le vide opéré, la boisson alimentaire se précipite et franchit l'ouverture avec tant de rapidité que ce flot continu gêne la déglutition. De là, un moment d'angoisses pénibles pour le nourrisson qui se hâte de lâcher prise. Les nourrices obvient en partie à cet inconvénient, en comprimant la base du mamelon.

Néanmoins vous saurez, Madame, que le biberon donne quelquefois un résultat complètement opposé : malgré tous les efforts d'une succion énergique, rien ne vient.

Afin de combattre ces deux vices, les inventeurs d'instruments ont imaginé plusieurs moyens qui tendent à régulariser en même temps l'entrée de l'air dans le vase, et la sortie du liquide par le bout de sein artificiel.

Jetons à ce sujet un coup d'œil sur les principaux biberons dus à Charrière, Darbo, Thier, Mathieu, Mlle Picquart, etc. Mon intention n'est pas de vous les décrire complètement ; je veux tout simplement examiner de quelle façon la difficulté du problème a été résolue.

Charrière a pratiqué un trou sur le bouchon ; quand le lait arrive trop vite, il suffit d'y appliquer le doigt pour modérer l'écoulement. Il a fait aussi recouvrir d'un linge fin la partie inférieure du bouchon, avant de l'introduire dans la carafe.

Suivant que les fils de ce linge sont plus ou moins serrés, le lait, filtrant à travers, sortira en quantité variable. On aura ainsi une espèce de régulateur d'une extrême simplicité ; de plus ce linge, remplissant office de crible, ne laissera pénétrer dans la bouche de l'enfant qu'un lait pur, dégagé de tout corps étranger.

Avec le biberon Darbo, on peut diriger assez bien cette sortie du liquide, à l'aide d'une *pièce en spirale à courant d'air*, et d'un modérateur en ivoire dont la tige, selon qu'elle occupe telle ou telle échancrure, élargit ou rétrécit l'orifice que la boisson doit traverser pour gagner les lèvres du nourrisson.

Dans celui de Thier, une rainure, qui sillonne le bouchon dans sa longueur, et une broche, placée dans la cavité du grand tube, servent au même usage.

Le biberon ordinaire ne possède que la rainure et celui de Mlle Picquart est pourvu d'une petite ampoule perforée en verre ou *tube aérifère* qui satisfait plus heureusement à l'introduction de l'air. Rien de particulier dans ces deux derniers pour régler la sortie du lait qui se trouve sous la seule dépendance de la pression atmosphérique.

Avant d'aller plus loin, je vous ferai remarquer,

Madame, que généralement ces prises d'air, *rainure* et *orifice* sur le bouchon, ne sont pas assez visibles. Aussi arrive-t-il souvent, la nuit surtout, que l'on place le bouchon en sens contraire, c'est-à-dire le petit trou ou la rainure en dessous. D'où il suit, principalement avec la rainure, que le lait coule par là goutte à goutte et mouille les vêtements de l'enfant, ou bien que l'écoulement par le mamelon artificiel s'arrête tout à fait.

C'est pourquoi, je trouve très-bonne la modification qu'a imaginée Mlle Picquart, en substituant un tube creux au simple pertuis.

Quant au biberon Mathieu, les dispositions relatives à l'entrée de l'air et à la possibilité d'adapter indifféremment un bout de sein en liége, en tétine de vache ou en ivoire ramolli, le rapprochent de celui de Charrière. Toute la différence se trouve dans le bouchon. Cette partie de l'instrument est en ivoire et se termine par un cylindre de même substance creusé d'un canal. Son extrémité inférieure, disposée en pas de vis, plonge de quelques centimètres dans le flacon et est coiffée par un petit capuchon mobile.

Sur ce cylindre, et à différentes hauteurs qu'à l'instar d'un curseur le capuchon peut atteindre, on a ménagé trois ouvertures.

Lorsqu'elles sont toutes à découvert, le lait coule abondamment; dans le cas contraire et se-

lon qu'il reste deux ou un seul orifice, l'écoulement diminue en proportion.

Les deux modes de graduation que je préfère
sont ceux qu'ont suivis Darbo et Mathieu ; les
autres, selon moi, laissent encore à désirer.

Le biberon de Mathieu a sur celui de Darbo un
avantage fort important : il peut être tenu très-
proprement sans exiger autant de surveillance, et
son mécanisme, beaucoup moins susceptible de
dérangements, est si peu compliqué que la bonne
la plus dénuée d'intelligence pourra facilement
s'en rendre compte et par suite le faire fonctionner convenablement.

C'est donc celui que je conseillerai. Malheureusement il coûte presque le double du biberon
Darbo.

Je me bornerai à mentionner ici d'autres biberons lancés dans le commerce, tels que ceux de
Burq, Guilbaut, Janet, Leplanquais, etc. Ils offrent beaucoup de points de ressemblance avec
les précédents et n'ont rien qui mérite d'être
signalé. La flexibilité du tube, qu'on a vantée
comme un progrès, est loin de présenter le degré
d'utilité que les inventeurs veulent bien lui reconnaître.

Elle pourrait plutôt encourager la paresse ou

tout au moins l'inattention des personnes chargées de donner le biberon.

Nous verrons, Madame, dans ma prochaine lettre, les soins que ces différents appareils réclament dans la pratique.

Daignez agréer, etc.

« La proportion du mélange doit nécessairement varier
» suivant l'âge et les forces digestives de l'enfant.

» Dans aucun cas le lait n'aura bouilli, car l'ébullition
» le prive d'une partie de son arôme et de l'air qui en
» facilite la digestion.

» Le mélange du lait avec une des substances indi-
» quées plus haut fermente et s'altère avec la plus grande
» facilité, surtout en été ou en hiver, dans les apparte-
» tements chauds. Il faut donc ne le préparer qu'au mo-
» ment de le donner à l'enfant. »

(CAZEAUX, p. 1031 et 1032.)

« Son succès est plus assuré s'il succède à un allaite-
» ment naturel de quelques semaines ; mieux vaut aussi
» le faire alterner avec un allaitement même précaire
» que de l'employer d'une manière exclusive. »

(Michel LÉVY, t. II, p. 138.)

VINGT-TROISIÈME LETTRE

De l'Allaitement artificiel. *(Suite et fin.)*
Son application.

MADAME,

Parlons aujourd'hui du liquide alimentaire.

3° *Du liquide employé dans l'allaitement artificiel.* — Je dirai tout de suite que le lait d'ânesse mériterait la préférence mais qu'en raison de sa rareté, il n'y a pas lieu de nous en occuper.

La même observation est applicable au lait de chèvre. Il ne sera donc question que du lait de vache qu'on trouve partout très-facilement.

Autant que possible, il proviendra de première *traite*, afin d'être moins riche et de se rapprocher

par là un peu plus du lait de femme. Il ne sera
point soumis à l'ébullition, car cette opération
en rend la digestion plus laborieuse. Enfin on l'al-
longera, soit avec de l'eau simple, soit avec de la
tisane d'orge ou de gruau. Ces tisanes sont très-
bien remplacées par de l'*eau panée*, c'est-à-dire
de l'eau dans laquelle quelques tranches de pain
ont bouilli pendant un quart d'heure environ et
qui a été ensuite filtrée au travers d'un linge.
Plus loin nous déterminerons les proportions de
ce mélange.

Telle sera la composition du liquide qui servira
de base à l'allaitement artificiel.

Mais pour rappeler, ne fût-ce qu'à titre de pâle
copie, l'aliment naturel qu'il doit remplacer, il
lui manque encore plusieurs qualités qu'il faut
aussi s'efforcer de produire artificiellement. C'est
pourquoi on y ajoutera du sucre, moins abondant
dans le lait de vache que dans le lait de femme.
Ensuite on restituera à ce lait *mort* une sorte de
vie, en lui communiquant un degré de chaleur
convenable.

Ici quelques précautions sont indispensables si
l'on veut avoir des chances de réussite.

Le liquide, eau simple, gruau ou eau panée,
sera chauffé seul et mélangé ensuite avec le lait
froid, de manière à donner un breuvage tiède qui
permette de supporter sans peine la bouteille
contre la joue. C'est là un bon thermomètre que
chacun a constamment à sa disposition.

Le mélange ne sera jamais opéré longtemps à l'avance, principalement en été, car la décomposition s'en opère très-promptement. Néanmoins je ferai une exception pour la nuit, où il n'est pas toujours commode d'avoir sur-le-champ une boisson chauffée à point. On peut, dans ce cas, préparer sa provision et la maintenir à une même température, en plongeant la bouteille dans un bain-marie placé au-dessus d'une veilleuse. Quoiqu'il en soit, il est préférable encore d'avoir sous la main de la tisane chaude et d'y joindre ensuite la dose de lait indiquée. Le procédé n'est pas beaucoup plus long et il ne présente pas les inconvénients d'une préparation trop ancienne.

Chaque fois que le biberon sera vide, il faudra le laver très-soigneusement, de manière à ce qu'il n'y séjourne pas la moindre goutte de lait. Aussitôt après que l'enfant a terminé son petit repas, le bouchon doit être enlevé et nettoyé, ainsi que le mamelon artificiel, avec la plus scrupuleuse attention.

On passera dans l'intérieur du tuyau une tige mince, une aiguille à tricoter, par exemple ; elle enlèvera tout ce qui pourrait devenir une cause prochaine de mauvaise odeur. Pour plus de sûreté, on laissera tout le mécanisme plongé dans l'eau. Cette mesure est de rigueur quand le mamelon artificiel est en ivoire ramolli ou en tétine de vache, car c'est le seul moyen de lui conserver sa souplesse et son élasticité.

J'insiste sur ces détails qui sont essentiels ; ne les perdez jamais de vue, Madame, et vous y trouverez la meilleure garantie de succès.

En quelle proportion le lait entrera-t-il dans le mélange, et quelle quantité en emploierons-nous pendant l'espace de vingt-quatre heures ?

Durant le premier mois, le lait de vache sera coupé avec trois quarts d'eau ; pour les trois mois qui suivront, avec deux tiers ou au plus avec la moitié. Si les digestions sont faciles, les selles belles et naturelles, on pourra gagner le sixième ou le septième mois en donnant un quart d'eau pour trois quarts de lait. Après cette époque, toujours en supposant les conditions très-satisfaisantes, le lait sera pris pur.

D'ailleurs, je vous ferai observer ici, Madame, qu'il vaut beaucoup mieux rester en deçà que d'aller au delà de la somme de substances nutritives nécessaire à l'estomac d'un nouveau-né. La santé ne souffrirait que très-médiocrement d'une légère insuffisance d'alimentation ; elle se trouverait fort mal, au contraire, d'un surcroît de travail imposé aux fonctions digestives.

Pour ce qui est de la quantité de lait à consommer journellement, je vous rappellerai celle que fournit une bonne nourrice dans le même laps de temps. Nous avons vu que, d'après les recherches de M. Natalis Guillot, elle est évaluée à un litre. Une pareille limite peut être considérée comme extrême et elle n'est pas toujours atteinte, tant s'en faut, non-seulement par les mères, mais encore par les nourrices mercenaires, ce qui n'empêche pas les enfants de venir très-bien. Néanmoins, on pourra se baser sur cette approximation pour le liquide administré à l'aide du biberon.

Ainsi, admettons que l'enfant le prenne toutes les trois heures pendant la journée, de six heures du matin à dix heures du soir, et une fois la nuit. Ou mieux, adoptons la période de deux heures d'intervalle dans le jour et supposons, comme cela arrive le plus souvent, que tout le flacon ne soit pas complètement vidé chaque fois. Les bouteilles ayant presque toutes une capacité de 125 grammes, à peu près les deux tiers d'un verre de table ordinaire, nous aurons 100 grammes de liquide absorbés toutes les deux heures, environ une moitié de verre. La totalité sera, par conséquent, pour la journée neuf fois 100 grammes et pour la nuit, 100 grammes seulement, c'est-à-dire 1000 grammes ou un litre.

Voilà la nourriture de l'enfant en vingt-quatre heures. Si l'on donne un biberon de plus la nuit, par compensation on diminuera d'une égale quantité dans le jour et rien ne sera changé.

Examinons maintenant ce qu'il a fallu de lait pour préparer ce mélange quotidien.

15

Pendant le premier mois, on donne *un quart* de lait pour *trois quarts* d'eau ; ce sera donc *250 grammes*, une demi-pinte par jour.

Dans les deuxième, troisième et quatrième mois, il faudra observer la proportion *d'un tiers* de lait pour *deux tiers* d'eau et l'on emploiera ainsi *350 grammes*.

En composant le liquide à parties égales, la consommation du lait sera de *500 grammes*, une pinte.

Aux cinquième, sixième, septième et huitième mois, trois quarts de lait entreront dans la boisson et seront ainsi représentés par *750 grammes*, une pinte et demie, tandis qu'il n'y aura plus que *250 grammes* de liquide additionnel.

A partir du neuvième mois, le lait sera administré pur à l'enfant.

Il est bien entendu que je n'attache point à ces doses et à ces comparaisons de poids et de mesures une exactitude mathématique, car d'un côté le lait est un peu plus pesant que l'eau et de l'autre il faut convenir que quelques cuillerées de lait en plus ou en moins dans l'espace d'une journée n'ont aucune importance.

Songeons maintenant, Madame, à appliquer toutes ces données et voyons ce que la pratique va nous dicter encore.

L'alimentation étant ici, malgré tout, plus forte que dans l'allaitement naturel, il est urgent de s'entourer de plus de précautions. C'est pourquoi je crois très-utile de ne confier la direction de ce régime artificiel qu'à une seule personne. Qu'arrive-t-il, en effet, quand on ne procède point ainsi? Comme les choses ne sont plus les mêmes que lors de l'allaitement ordinaire, dans lequel la mère et la nourrice doivent se rappeler le moment du jour où le nouveau-né a pris le sein pour la dernière fois, les heures de repas sont souvent distribuées d'une manière très-inégale. On va en aveugle, comptant les uns sur les autres et faisant ainsi inévitablement une mauvaise besogne. Que le service repose sur une seule personne, et l'on écarte cet inconvénient qui peut devenir fatal à l'existence de l'enfant.

La mère n'oubliera jamais, en effet, que ce mode alimentaire est une anomalie, une déviation des lois de la nature. Aussi, dans cette route semée d'écueils, dans ce chemin qu'on se fraie soi-même, en renonçant à la voie plus sûre qui nous est tracée à l'avance, il est nécessaire que la sollicitude maternelle soit toujours en éveil. A chaque instant, elle consultera ce que nous avons dit des signes généraux qui dénotent la bonne santé et le développement du nouveau-né : le caractère des selles, le poids, etc. A la moindre alerte, au plus petit danger, elle s'empressera de faire appeler son Médecin qui décidera s'il faut donner une nourrice à l'enfant.

L'allaitement par le biberon et par les animaux, permet, sans préjudice aucun, d'attendre
jusqu'à cinq ou six mois avant de commencer les
potages. Dans ce cas, en effet, l'alimentation est
déjà assez substantielle pour qu'on ne cherche
point si tôt à faire intervenir des aliments plus
nutritifs.

Le biberon, qui succède à un allaitement d'un
mois ou deux, lorsque, par exemple, la mère sent
ses forces s'affaiblir et son lait manquer, peut
être accepté comme beaucoup moins meurtrier.
Il exige cependant tout autant de prudence que
s'il était mis en usage dès la naissance de l'enfant.

Il est aussi moins pernicieux, quand il marche
de pair avec l'allaitement maternel et qu'il constitue ce que l'on a désigné sous le nom d'*allaitement mixte*. Quelque faible que soit la quantité de
lait fournie par la mère, elle est toujours d'une
très-grande utilité pour la santé, le développement
du nourrisson, et, à part quelques faits exceptionnels et obligatoires examinés plus haut, le biberon ne devrait intervenir que pour suppléer à
pareille insuffisance. Son rôle serait encore très-
beau. Après avoir été un adjuvant pour l'allaitement maternel, il formerait le trait d'union entre
celui-ci et l'alimentation ordinaire de la vie, c'est-
à-dire *le sevrage*.

Dans ces conditions, il est appelé à rendre des

services signalés et, par conséquent, il sera toujours parfaitement accueilli.

J'ai terminé, Madame, tout ce qui concerne
l'*allaitement en général* : dans ma prochaine lettre
nous nous occuperons du *sevrage*.

Daignez agréer, etc.

« Le sevrage est, à nos yeux, une cause plus puissante
» de maladies que la dentition. »

(RILLIET et BARTHEZ, t. I, p. 41.)

« Il est incontestable que, pour la grande majorité des
» êtres humains, la vie tout entière prend ses racines
» ou profondes et vigoureuses, ou superficielles et sans
» force, dans ces deux régimes délicats : l'allaitement et
» le sevrage. »   (DÉCLAT, p. 189.)

« En général, ce n'est guère que lorsque l'enfant a
» huit ou dix dents, qu'on doit songer à le sevrer, par
» conséquent vers l'âge de 12 à 16 mois. »

(CAZEAUX, p. 1004.)

« L'époque du sevrage n'est point indifférente ; c'est
» à la fin de la première année que l'on pense à sevrer,
» rarement avant, et plus tard, suivant quelques cir-
» constances. »   (RICHARD (de Nancy), p. 121.)

« L'ordre et la gradation à observer, par rapport au ré-
» gime de la première enfance, résultent de l'apparition
» graduelle des dents.
» Si la nature ne procède que lentement et par degrés
» à l'œuvre de la première dentition, c'est dans l'inten-
» tion formelle d'apprivoiser progressivement l'estomac
» avec les substances dont l'ensemble constitue l'alimen-
» tation de l'homme. »   (DELABARRE, p. 15 et 16.)

« Mieux vaut l'avancer, quand c'est la mère qui allaite
» et que l'on a à craindre l'insuffisance de son lait. Trop
» longtemps continué, l'allaitement prolonge l'état de la
» première enfance, ralentit le développement, s'oppose
» au progrès des forces.
» Un sevrage prématuré livre l'enfant au péril d'une
» alimentation disproportionnée avec ses facultés diges-
» tives et le frustre, en cas de maladie ou d'incommo-
» dité, des ressources diététiques et médicinales qu'il
» trouve dans le sein de sa nourrice. »

(Michel LÉVY, t. II, p. 140.)

VINGT-QUATRIÈME LETTRE

Du Sevrage.

SOMMAIRE. — Le nourrisson y sera préparé prudemment pendant l'allaitement. — A quel âge l'enfant sera sevré. — Prématuré ou tardif, le sevrage a ses inconvénients. — Sevrer après l'évolution d'un groupe dentaire. — Indication approximative de la venue des dents. — Comment il faut procéder au sevrage.

MADAME,

Le riche spécimen, que je transcris en regard de cette lettre, expose les principes les plus saillants du sujet que je vais traiter aujourd'hui. Il en exprime aussi toute l'importance.

Je vous ai dit, dans ma treizième lettre, qu'en moyenne, à partir du quatrième ou sixième mois, on peut commencer à nourrir légèrement le nouveau-né à l'aide de potages très-clairs et peu abondants. On arrive ainsi progressivement à une alimentation de plus en plus substantielle, de manière à n'avoir plus besoin de donner le sein qu'à trois ou quatre reprises dans la journée. La nuit, une nourrice le présentera encore une fois, mais une mère s'en dispensera et administrera à la place un peu de lait de vache.

Ce supplément alimentaire, je vous l'ai dit, n'a pas seulement pour but de soulager la mère ou la nourrice, il servira aussi de moyen de transition entre l'allaitement et la nourriture que prendra l'enfant après le sevrage.

La plus grande prudence doit présider à l'administration de ces potages dont on est trop disposé à abuser. Ils ont été bien souvent le point de départ, la véritable origine de maladies mortelles. Cela est si vrai que bien des gens du monde, sans aucune compétence physiologique, et sur les simples données du bon sens, s'élèvent avec raison contre les abus de ce genre, qu'ils ont eu l'occasion de remarquer.

« La première nourriture, ajoutée au lait de la » nourrice, dit M. Théry, exige aussi les plus » grandes précautions. On voit quelquefois bour- » rer un pauvre enfant de soupe ou de bouillie, » sans qu'on ait examiné ce que peut supporter » cet estomac.

» Il semble que l'on compte sur lui pour régler » la portion qu'on lui donne, et que tant qu'il » présentera la bouche ouverte, on ne risquera » rien de la remplir.

» Des indispositions, des accidents sont la suite

» inévitable de ces imprudences. L'estomac, or-
» gane délicat et susceptible de fatigue, s'altère ;
» le sommeil s'éloigne, l'enfant *dépérit par excès*
» *de nourriture.* L'abus contraire est peu à crain-
» dre, et ce sont les ménagements qui doivent
» être recommandés par dessus tout à la mère
» pour l'alimentation de son enfant. » (*Conseils
aux Mères,* t. I, p. 5.)

N'est-ce pas là, en effet, ce que nous avons la
douleur de constater tous les jours ? Ce tableau,
d'une exactitude irréprochable, commande l'attention et la confiance, avec d'autant plus d'autorité que l'esprit de système est complètement
étranger à cette plume qui n'est point médicale.

Ainsi, Madame, beaucoup de circonspection, de
tâtonnements, pour établir les premiers rudiments
de l'alimentation de votre enfant. Ne craignez pas
de donner un peu moins que le nécessaire : cette
parcimonie, presque toujours exempte de dangers,
est bien préférable. La faible provision, que vous
confierez à la digestion, sera alors convenablement élaborée, et, par suite, profitera tout entière
à l'économie. Songez à la manière dont vous pro-
céderez plus tard à l'instruction de votre fils et
suivez la même marche. L'estomac et le cerveau,
la santé et l'intelligence s'en trouveront très-bien.

Quelle doit être maintenant la durée de cette

période préparatoire, ou, en d'autres termes, à
quel âge l'enfant sera-t-il sevré ?

Une réponse positive et invariable est ici absolument impossible, car tout dépendra des
conditions particulières dans lesquelles seront
la mère et l'enfant. A la rigueur, celui-ci ne
devrait être sevré que lorsqu'il a ses vingt
dents. Or cela entraînerait trop loin. Ainsi, chez
beaucoup d'enfants la dentition n'est pas achevée à deux ans. En ne prenant même pour limite
que l'éruption des canines, sans nous occuper des
deuxièmes molaires, on gagnerait au moins le
vingtième mois.

Un sevrage reculé jusqu'à cette époque, serait
certainement favorable aux phénomènes de la
dentition que l'enfant ne subit pas toujours sans
souffrir ; mais cette pratique peut-elle être généralement suivie ? Je ne le crois pas. La plupart
des mères exténuées seraient incapables d'y résister et succomberaient à la tâche. Quelques
nourrices auraient seules le privilége d'atteindre
assez facilement une date aussi éloignée.

Sans obéir scrupuleusement à l'évolution dentaire, il est sage néanmoins de la prendre comme
guide principal du sevrage. Voici les motifs sur
lesquels on peut alors se fonder, ainsi que le moment qu'il conviendra le mieux de choisir.

La mère et l'enfant se portent-ils bien; une nourriture supplémentaire est-elle parfaitement digé-

rée? On peut aller jusqu'à dix mois, un an et même davantage ; le plus fréquemment on sèvre vers le onzième mois. Une bonne nourrice continuera très-bien de donner le sein jusqu'à quinze ou dix-huit mois, sans compromettre sa santé.

Lorsque la mère est fatiguée, on se voit obligé de suspendre l'allaitement d'assez bonne heure, vers huit ou neuf mois, par exemple. Cette précipitation est quelquefois nécessitée par l'apparition d'une nouvelle grossesse. Dans ces deux cas, le biberon est d'une utilité incontestable. Il permet d'attendre jusqu'à quinze ou dix-huit mois, avant d'en venir au sevrage définitif. On a soin, comme nous l'avons dit plus haut, d'augmenter progressivement la quantité de lait de vache et de faire prendre trois ou quatre potages dans la journée.

Le sevrage *prématuré* ou *tardif* est également nuisible. Si l'enfant est sevré trop tôt, on en apprécie tous les désavantages, quand vient le moment de la dentition. Sous l'influence d'aliments plus excitants, le système nerveux a atteint son *maximum* d'irritabilité ; de là, des accidents très-probables. De plus l'enfant tousse, a la fièvre, il est tourmenté par le prurit dentaire et ne veut plus rien manger : cet incident n'est pas toujours sans péril pour sa nutrition et pour sa vie. On est très-heureux, en pareilles circonstances, de

pouvoir encore offrir le sein au petit être qui se
met à têter avec une véritable satisfaction.

Chez certains enfants, au contraire, un allaitement prolongé arrête le développement ou
ne le laisse plus s'accomplir d'une manière
normale. Les chairs deviennent molles, flas-
ques, et présentent une pâleur remarquable.
Si l'on modifie la nourriture et qu'on la rende
plus riche, tout change d'aspect. Les enfants paraissent plus vifs, plus animés, la peau se colore,
les tissus se raffermissent, en un mot, l'on constate une amélioration sensible dans leur santé. Il
semble que leur économie, ne se contentant plus
du régime purement lacté, exigeait un autre
genre d'alimentation.

En raison de ces particularités qui accompagnent souvent, mais à des degrés divers, la sortie
des dents, il est prudent d'observer les précautions suivantes pour commencer le sevrage.

Les dents naissent par groupes, et après chaque évolution, il y a un temps d'arrêt pendant
lequel l'enfant, calme et bien portant, peut être
facilement sevré. Il supporte alors avec beaucoup
moins de peine, entre ces deux époques de crise,
un changement de nourriture.

Afin de vous guider, Madame, dans cette appré-
ciation du moment favorable au sevrage, je vais
vous décrire l'ordre d'apparition des dents dites
de lait. Notez qu'on a voulu réglementer cet acte

de la nature, mais que de fois ses bizarreries ont déjoué les calculs les plus rationnels et les combinaisons les mieux étudiées ! Vous en conclurez donc, avec moi, qu'on ne peut accepter toutes ces données qu'à titre d'approximations plus ou moins exactes.

Deux incisives médianes à la mâchoire inférieure, du quatrième au sixième mois, ouvrent ordinairement la marche.

Viennent ensuite les deux incisives médianes de la mâchoire supérieure, du sixième au huitième.

Entre le huitième et le dixième mois, les deux incisives latérales de la mâchoire inférieure.

Du dixième au onzième mois ces mêmes incisives latérales à la mâchoire supérieure.

Enfin, les deux premières molaires apparaissent à la mâchoire inférieure du onzième au quatorzième mois et du quinzième au dix-septième à la mâchoire supérieure.

L'évolution des canines ne s'effectue que du dix-septième au vingtième mois.

Comment allons-nous procéder au sevrage ?

Aux yeux des familles, c'est une épreuve bien pénible à subir et l'on s'effraie des difficultés qu'elle réclame. Aussi, que n'a-t-on inventé pour dégoûter l'enfant ! Aloës, gentiane, coloquinte, etc., substances qui ne sont pas toutes sans danger pour l'enfant ; une solution de sulfate de quinine, de la moutarde, etc., tels sont les moyens qu'on a mis en réquisition. Et cependant un peu de patience suffit, dans la majorité des cas, pour obtenir ce que l'on cherche à tant de frais.

Confiez votre enfant à une bonne dévouée, à une parente, à une amie qui le tiendra dans sa chambre. Si vous le conservez auprès de vous, d'abord la sécrétion du lait en sera plus activée, ce qui vous gênera ; et puis vous n'aurez pas la force de résister aux cris du pauvre suppliant, et les péripéties de ce petit drame dureront plus longtemps.

En agissant comme je vous le conseille, elles se terminent au bout d'un jour ou deux, et quand l'enfant revoit sa mère, il ne songe même plus à la source où il allait si souvent puiser.

A partir de ce moment l'enfant sera nourri avec des potages gras, des jus de viande, un peu de poisson, du blanc de volaille, un œuf à la coque, etc. La boisson sera encore l'eau sucrée qu'on pourra rougir davantage à mesure qu'il grandira.

Dans ma prochaine lettre, Madame, je vous parlerai des vêtements du nouveau-né.

Daignez agréer, etc.

« Que les vêtements soient simples, amples, propres et
» faciles. »

(Mme GUIZOT.)

« Ils crient du mal que vous leur faites ; ainsi garrot-
» tés, vous crieriez plus fort qu'eux. »

(J.-J. ROUSSEAU. — *Émile*, livre 1er.)

« Le seul usage, auquel la nature ait destiné les vête-
» ments chez les enfants, est de s'opposer à l'abaisse-
» ment de température que leur peu de résistance vitale
» rend très-prompt et très-facile, surtout dans les pre-
» miers mois de la vie.
» L'enfant sera toujours habillé de telle sorte que la
» liberté de ses mouvements ne soit pas entravée. »

(D^r LE BARILLIER, p. 69.)

« M. Foville disait récemment au sein de l'Académie
» de médecine de Paris qu'il avait vu des têtes d'enfants
» emprisonnées dans des bonnets serrés à la normande,
» se déformer en quelques semaines et revenir à leur
» état naturel, lorsque l'on faisait cesser la compression. »

(Dr SOVET, p. 32.)

« Dans le sommeil de l'homme, les muscles sont dans
» le relâchement ; chez l'enfant au maillot tout est dans
» l'extension forcée. »

(GARDIEN, p. 7.)

« En les obligeant à faire leurs fonctions dans un vase,
» les tout petits enfants s'habituent promptement à com-
» prendre ce qu'on désire d'eux et la sensation même,
» produite par le froid du vase, détermine chez eux le
» moment où la nature réclame ses droits. »

(DÉCLAT, p. 175.)

VINGT-CINQUIÈME LETTRE.

Des Vêtements du nouveau-né.
Du Maillot.

SOMMAIRE. — Du bonnet. — Funestes habitudes suivies dans certains pays pour la coiffure du nouveau-né. — Pansement du cordon ombilical. — Pièces nécessaires. — Bande avec cordons. — Du maillot. — Maillot ancien. — Ses dangers. — Maillot actuel. — Sa composition. — Description du maillot anglais. — Ses inconvénients. — Ses avantages, surtout quand il est modifié.

MADAME,

Je vais vous entretenir aujourd'hui de la layette du nouveau-né.

Que faut-il préparer pour lui ? Grande question, qui met en émoi toutes les personnes d'une famille et qui stimule non-seulement la jeune mère, mais aussi quelque sœur ou amie, désireuse de saluer à l'avance la bienvenue d'un être qui, à l'état de problème encore, fait déjà battre tant de cœurs.

Loin de moi l'idée de fronder ces excellentes

16

dispositions auxquelles j'applaudis au contraire ; je ne demande qu'une faveur pour le nourrisson, c'est qu'on ne l'affuble point d'atours et de broderies inutiles. Sa santé pourrait se trouver fort mal de cette accumulation de vêtements, robes, manteau, etc., et sa beauté n'y gagnerait certainement rien.

Les considérations qui vont suivre justifieront cette réclamation dictée par l'intérêt qu'inspire mon jeune client.

Occupons - nous d'abord du bonnet, puisque c'est par là qu'on commence la toilette. C'est lui surtout qui fait courir les aiguilles et les crochets ! Pardonnez-moi ma témérité, Madame, mais je ne suis point ici de l'avis de beaucoup de personnes. Vous êtes libre de rejeter mon opinion, comme incompétente en matière de mode et de bon goût ; je m'incline sans me défendre. Je sais que je quitte mon terrain ; je me contente donc de vous donner ma manière de voir, parce que je la crois bonne. A vous de juger de sa valeur. Du reste, j'ai rencontré des mères qui pensent comme moi, et l'une d'elles me disait, en voyant son enfant enfoui sous une montagne de dentelles représentant un bonnet de magnifiques malines : « Nous croyons embel- » lir ces petits êtres et nous ne faisons que les » rendre richement laids... »

J'aime bien mieux un bonnet tout simple quant à sa forme, légèrement brodé si l'on veut, mais orné d'une dentelle étroite et non de ces paquets de rubans, disposés en large torsade autour du front. Ils écrasent la figure du nouveau-né, et, en flottant continuellement au devant des yeux, ils occasionnent quelquefois le strabisme.

Quand l'étoffe est mince, il est bon de mettre au-dessous une coiffe en toile qu'on peut laver facilement, ce qui permet, chose essentielle, de la renouveler très-souvent. En effet, chez l'enfant, la sécrétion de la tête est fort active et elle rend cette précaution indispensable. En hiver, on ajoutera une seconde coiffe en flanelle.

Surtout, Madame, que la tête de votre enfant ne soit jamais comprimée par des bandes ou des serre-tête fortement appliqués sur la voûte crânienne. N'imitez pas ces absurdes coutumes suivies dans certains pays, où l'on regarde comme un signe de beauté une tête un peu allongée. La Normandie a, dit-on, ce faible-là.

Sans compter les désordres que d'aussi mauvaises habitudes peuvent déterminer, pour le moment, du côté des fonctions principales de la vie, telles que la respiration et la circulation dont le cerveau est le moteur, l'intellect en reçoit, pour l'avenir, de rudes et funestes atteintes. Je ne serais point étonné que dans ces contrées le nombre des fous et des idiots fût considérable. Vous le voyez, Madame, ce ne sont pas seulement les Chinoises qui s'estropient pour acquérir quelque prétendue forme de beauté. Nous rions d'elles, et en France, au XIXe siècle, des mères mutilent ainsi leurs enfants et ne craignent pas de s'adresser au centre nerveux, à l'organe qui constitue la supériorité de l'homme dans l'échelle animale !

La toilette du nouveau-né comprend le pansement du cordon ombilical. Quelques pièces bien simples le composent : une compresse en toile fine, fendue et huilée pour envelopper le cordon ; une autre en toile un peu plus forte, pliée en plusieurs doubles ; enfin, une bande large de quatre travers de doigt, assez résistante et qui puisse faire au moins trois fois le tour du corps ; il est convenable de jeter un fil sur ses bords.

J'ai à vous signaler ici une précaution presque toujours négligée. Les gardes ne veulent pas entendre parler de cordons pour attacher cette bande. Fortes de leur adresse, elles se servent toujours d'épingles. Elles peuvent, je le reconnais, s'en tirer assez bien pour que l'enfant ne soit jamais piqué ; mais la garde ne demeure pas toujours un mois ou deux dans une famille ; elle est souvent congédiée après le rétablissement de la mère. Or, à cette époque, il est encore nécessaire d'appliquer la bande au moins pendant un mois, six semaines, et ce sera la mère qui devra s'acquitter de ce soin. Si elle pose mal l'épingle et pique l'enfant, celui-ci crie ; il est vrai que cet accident n'entraîne jamais de conséquences fâcheuses. Cependant la susceptibilité nerveuse de la mère-nourrice a toujours à en souffrir.

Il peut se faire aussi que, sans le blesser tout de suite, l'épingle gène le nourrisson par sa présence, en déterminant un frottement plus ou moins indirect. Il donne bientôt des signes d'impatience, puis de douleur, et l'on ne sait comment interpréter ses cris. Si vous avez mis le maillot depuis peu de temps, vous ne songerez pas à l'enlever et, le plus souvent, vous présenterez le sein à l'enfant pour l'apaiser, jusqu'à ce que les mêmes scènes recommençant, l'idée vous vienne de le déshabiller ; c'est alors seulement que vous découvrirez la cause du mal. Des cordons fixés par le milieu de l'extrémité de la bande et faisant eux-mêmes le tour du corps, vous épargneront ces inconvénients.

J'arrive, Madame, à l'histoire du maillot.

Il y en a de plusieurs sortes et ils offrent, entre eux, de grandes différences. Autrefois, celui qui était le plus généralement adopté, formait un véritable instrument de supplice. On rapprochait les bras du corps, on appliquait bien exactement les jambes l'une contre l'autre et l'on roulait sur le tout une bande de toile très-solide et très-large, qui enveloppait l'enfant des pieds jusqu'à la partie supérieure de la poitrine. Cette bande était transmise de génération en génération, comme une précieuse relique, une propriété de famille qu'il fallait bien se garder d'aliéner. C'était vraiment trop d'attachement pour un très-mauvais engin.

Ainsi ficelé, passez-moi l'expression, Madame, un enfant était tout à fait dans les mêmes conditions que les momies d'Egypte ou les saucissons de Lyon. Je vous laisse à penser la gêne que ces pauvres petits innocents enduraient, lorsqu'ils étaient comprimés de la sorte, ne pouvant plus faire le moindre mouvement, ni se livrer à des inspirations complètes. Aussi, les plus forts cherchaient-ils à suppléer par des cris à une pareille immobilité ; les plus faibles, incapables de vaincre la résistance imposée à leurs muscles respirateurs, acceptaient avec résignation l'emprisonnement et s'éteignaient lentement sous cette étreinte continue.

Rien n'est plus irrationnel que cette coutume. Elle est contraire à toutes les données de la physiologie. Respiration, circulation, calorification, etc., tout y est entravé. Ce n'est donc point sans juste raison qu'elle a été mise de côté dans beaucoup de pays. Il en est cependant, et même en

France, où pareil système a conservé toute sa vigueur. J'ai entendu dire que dans ces contrées on ménage vers le dos une portion de la bande, avec laquelle on fait une anse qui donne le moyen de suspendre le nouveau-né et de s'en débarrasser en l'accrochant à la muraille comme un portrait de famille.

Vous pourrez, Madame, prendre une idée de cet appareil, quand vous aurez l'occasion de voir l'un des deux chefs-d'œuvre de Léopold Robert, *les Moissonneurs*, si mes souvenirs ne me trompent point. Une femme tient dans ses bras un enfant qui en offre un échantillon assez exact (1).

Applaudissons-nous, Madame, d'habiter, vous et moi, des villes dans lesquelles ces excentricités, non-seulement ridicules mais encore meurtrières, sont tout à fait inusitées.

Le maillot actuel est simple.

La chemise en toile fine ou en coton, ouverte en arrière et liée par des cordons, couvre la poitrine et les bras. On place au-dessus d'elle une brassière de laine ou de coton, taillée de la même manière. Une couche de toile, déjà un peu usée, enveloppe le reste du corps jusqu'à la naissance des côtes, de façon à n'interdire en rien le

---

(1) Voir aussi au musée de Valenciennes la *Pélerine fatiguée* de Schnetz, n° 170.

libre exercice des mouvements respiratoires. Les gardes ont l'habitude de replier l'excédant et de le rouler entre les jambes du nouveau-né, pour que celles-ci ne puissent s'excorier en frottant l'une contre l'autre. Il vaut mieux les isoler en les entourant chacune de linge.

Enfin un lange en laine est superposé à cette couche. On en relève également la partie flottante, mais en l'étalant, et on la fixe de chaque côté, au moyen d'épingles. Le vêtement du nouveau-né se trouve ainsi complètement fermé.

Ce maillot, appliqué convenablement, préserve bien du froid, sans tenir les membres en trop grande captivité. Il exige pourtant une certaine expérience, car, trop serré, il nuit à la respiration et, par suite, gêne l'enfant. Trop lâche, au contraire, il tombe aussitôt qu'on prend le nourrisson par dessous les bras.

Il existe un autre genre de maillot dit *maillot anglais*, déjà très-répandu à Paris et dans quelques départements, mais qui n'est point en usage dans la ville où j'exerce. Il se compose de deux robes très-longues, dépassant de vingt à trente centimètres environ les pieds de l'enfant. Leur étoffe varie avec la fortune des familles, pour celle du dessus principalement, car l'autre est presque toujours en flanelle. Elles ont une espèce de corsage ; la dernière s'ouvre par devant dans toute sa longueur et en arrière elle n'est fendue que dans la moitié supérieure. Des cordons, fixés de chaque côté, servent à joindre les deux parties. La robe de dessus n'a que cette ouverture postérieure et elle peut être rapprochée du corps à l'aide d'une ceinture.

Les Anglais font ces robes sans manches ; il en est de même pour la brassière et pour la chemise. Les bras restent nus, et les pieds sont garnis de chaussons.

Enfin on jette autour du siège de l'enfant deux culottes triangulaires : la première en toile est appliquée sur la peau ; la seconde est en flanelle et vient recouvrir la précédente.

Certainement, ainsi confectionné, ce maillot a ses bizarreries qui doivent en restreindre l'emploi et qui le rendent même dangereux ; les bras, par exemple, ne sont pas toujours laissés à nu impunément. Néanmoins, nous lui reconnaissons un bon côté et avec certaines modifications, comme celle de bien couvrir les bras et les jambes, il rendrait de véritables services.

En effet, il permet à l'enfant de se mouvoir, d'agiter les membres, et c'est là un point important pour la circulation et la chaleur. Ne croyez pas qu'il nuise par cette liberté au développement régulier des extrémités inférieures. Si elles sont repliées sur elles-mêmes quand l'enfant vient au monde, la seule cause en est à la position qu'elles ont conservée longtemps dans le sein de la mère.

Il n'y a donc point de difformité à combattre. Nourrissez bien votre enfant, entourez-le d'une bonne hygiène, et vous verrez ses jambes, fermes, solides, prendre une direction très-normale, à laquelle tous les procédés d'emmaillottement restent complètement étrangers.

C'était une des illusions qui accompagnaient le maillot ancien, auquel on attribuait l'avantage d'imprimer une rectitude convenable aux membres du nouveau-né. Or, tenez pour certain, Madame, que ces manœuvres barbares et l'extension forcée de tous les muscles qu'elles déterminent, n'ont jamais amené ce résultat.

Quelques personnes reprochent au maillot *anglais* un défaut qui est peut-être sa principale qualité. Le nôtre laisse ignorer si l'enfant a besoin d'être changé, ce qui favorise la paresse des gardes et des nourrices. Avec celui de nos voisins d'outre-mer, il faut une surveillance très-active, car, aussitôt qu'une évacuation a eu lieu, il est absolument nécessaire de renouveler immédiatement la petite culotte. Les bonnes anglaises sont précieuses, dit-on, pour cette sollicitude de tous les instants et, grâce à leur vigilance, elles parviennent à avoir des nourrissons qui, dès l'âge de quelques mois, ne salissent plus leur linge. Que nous sommes loin d'obtenir les mêmes effets avec les habitudes suivies dans notre pays ! Je fais des vœux pour que cette excellente manière de procéder compte bientôt dans nos familles de nombreux prosélytes.

Mais, dira-t-on, c'est accepter un assujétissement très-pénible. Nous répondrons que les mères y gagnent la santé de leur enfant. Qu'arrive-t-il avec le maillot dont nous nous servons? Le contact plus ou moins prolongé des déjections est une cause d'irritation pour la peau si fine, si délicate du nouveau-né. De là des excoriations, des plaies qui couvrent les jambes de ces malheureuses victimes de la routine. Et ces lésions ne vont pas seulement jusqu'à les tourmenter, en les privant presque toujours de repos, elles compromettent parfois leur existence. Le maillot anglais éloigne tous ces accidents. Un pareil fait ne mérite-t-il pas d'être pris en très-sérieuse considération?

Aussi cette méthode est-elle préconisée par beaucoup de praticiens, et je me rappelle qu'un jour mon très-savant maître, M. le professeur Paul Dubois, a fait habiller un nourrisson de la Clinique avec le maillot de son dernier enfant, afin de nous en démontrer toute l'utilité.

En résumé, Madame, le maillot actuel n'est pas trop défectueux, et il est loin de présenter les inconvénients de l'ancien ; il a cependant encore quelques désavantages. Je crois qu'on les éliminerait tout à fait en employant le *maillot anglais modifié*, c'est-à-dire en garnissant les jambes de bas de laine au lieu de chaussons, et en adaptant à la chemise, à la brassière, aux robes, de bonnes et longues manches qui couvriraient les bras. Ainsi vêtu, le nouveau-né est parfaitement garanti du froid.

La jeune mère inexpérimentée trouverait également dans ce nouveau vêtement un avantage qu'elle saurait apprécier, c'est que l'application de ce maillot n'exige aucune espèce d'habileté et n'offre point les difficultés du nôtre. De plus, une fois mis, il n'est nullement besoin de l'enlever pour nettoyer l'enfant; il suffit de délier quelques cordons, pour ouvrir le devant de la seconde robe et pénétrer ainsi jusqu'à la petite culotte.

Cependant, je dois l'avouer, j'ai proposé ce maillot à beaucoup de mères et, soit par respect pour les usages d'autrefois, dont nos aïeules prennent chaudement la défense, soit parce que le souffle capricieux de la mode n'a point, jusqu'à présent, importé dans nos murs le modèle qui doit, en stimulant le goût de mes concitoyennes, donner le signal de la réforme, j'ai constamment échoué.

Dans ma prochaine lettre, nous parlerons de la chambre à coucher, du lit de la mère et du berceau du nouveau-né.

Daignez agréer, etc.

« Veiller avec sollicitude à l'éducation du premier âge,
» c'est donner à l'homme cette activité, cette intelligence
» qui font la richesse d'un pays et la gloire d'une nation.
» C'est le soustraire aux causes maladives qui entravent
» son développement physique, dépriment ses facultés
» et le conduisent prématurément aux infirmités, à la
» vieillesse. »

(Dr CARON. — *Gaz. des Hôp.*, 1858, p. 566.)

« Combien ne serait-il pas à désirer que l'on consacrât
» aux enfants la meilleure chambre de la maison et non
» pas, comme on le fait ordinairement, la plus mauvaise.
» L'air est la première source de la force vitale et de
» l'alimentation, particulièrement chez les enfants.
» Il est même nuisible de trop multiplier les moyens
» d'éclairage, car rien ne vicie plus promptement l'air. »

(HUFELAND, p. 463, 471 et 473.)

« C'est principalement aux enfants que l'influence de
» l'air confiné est fatale. Chez eux la respiration est plus
» énergique, les sécrétions et exhalations sont plus abon-
» dantes, l'absorption plus rapide ; aussi l'espace étroit
» qui trop souvent leur est assigné dans les habitations
» ne tarde point à se convertir en foyer d'intoxication
» miasmatique, s'il n'est puissamment aéré. »

(Michel LÉVY, t. I, p. 644.)

« Aussi préparons au nouveau-né l'air le plus pur de
» notre atmosphère ; qu'aucune vapeur, qu'aucune fu-
» mée, qu'aucun méphitisme ne puisse atteindre ses
» tendres poumons ; que la température soit douce,
» égale, agréable, et qu'il commence par respirer libre-
» ment. »

(Dr LÉGER, p. 85.)

VINGT-SIXIÈME LETTRE

De la Chambre à coucher et du Lit de la mère. Du Berceau.

SOMMAIRE. — Hygiène de la chambre destinée à l'enfant. — Ne pas y laisser de langes souillés, n'y point faire sécher de linge. — Local vaste et aéré pour la mère. — Pas d'alcôve, pas de rideaux. — De la forme du berceau. — Ses rideaux. — Moustiquaire pour l'été. — Literie du nouveau-né.

MADAME,

Ne vous étonnez pas si je vous parle aujourd'hui de la chambre à coucher et du lit de la mère. Au premier abord, ces questions ne paraissent pas intéresser directement le nouveau-né ; vous serez bientôt convaincue de leur opportunité. Dans les familles où règne le bien-être, les locaux sont généralement vastes et aérés. Souvent même une chambre est uniquement réservée pour l'enfant. En pareilles circonstances, nos recommandations et notre prévoyance perdent de leur utilité. Malheureusement il n'en est pas de même partout ; nous devons alors nous mettre sur nos gardes et veiller à ce que les conditions d'une bonne hygiène soient rigoureusement observées.

Prenons le premier cas, le plus favorable.

Nous demanderons alors pour l'enfant une chambre assez grande, car elle ne sera pas habitée par lui seul ; une bonne ou une nourrice devra y coucher auprès de lui. Toutes les fois qu'il sera porté dans l'appartement de sa mère, on profitera de son absence pour ouvrir largement les fenêtres, afin de renouveler l'air. Si la saison était par trop rigoureuse, on se contenterait d'ouvrir la porte de la chambre et le renouvellement s'opérerait alors à l'aide de la cheminée.

Il faut bien se garder de laisser dans quelque coin ou armoire un amas de langes qui auraient déjà servi ; chaque linge souillé doit être soigneusement enlevé. Je n'approuve pas non plus qu'on transforme cette pièce en une succursale de la buanderie, en y faisant sécher les vêtements devant le feu. Ce sont toutes causes de viciation pour l'air qui devient alors moins propre à la respiration.

Ce qui suit maintenant est applicable aux diverses classes de la société. Quand l'enfant habitera la chambre de sa mère, le local sera spacieux et élevé, et nous ne devrons point oublier qu'une troisième personne, garde ou nourrice, est appelée à vivre avec eux.

Il faut que la provision d'oxygène y soit suffisante et aussi facilement renouvelable. En hiver le foyer remplira ce dernier office, et en été on ne condamnera point la cheminée qui est là une bouche d'appel trop utile pour être supprimée. Lorsque la température extérieure le permettra, on ouvrira les fenêtres au moins deux fois dans la journée l'espace d'une heure environ. Jamais on n'y souffrira de fleurs.

Si la mère nourrit elle-même, il y a double intérêt à ce que son lit soit largement aéré. Aussi point d'alcôve, point de rideaux épais qui transforment le lit en une seconde petite chambre très-malsaine et ne participant point aux bénéfices du milieu où elle est placée.

Il est indispensable que l'on puisse installer dans l'appartement d'une nouvelle accouchée un second lit, sur lequel, durant les quatre ou cinq premiers jours, on la transportera, chaque fois qu'on devra refaire le sien. Elle y séjournera une heure ou deux à son gré, et pendant ce temps les autres matelas seront mis à découvert et exposés à l'air.

Pour ce qui concerne les soins à donner à la mère, c'est une exagération de propreté sous tous les rapports que je réclame. J'engage en outre les parents à interdire ces nombreuses et longues

17

visites qui viennent priver les jeunes mères d'une
bonne partie de l'air respirable qui leur est dé-
volu. Ajoutons que ces causeries trop prolongées
ou trop répétées, quelque agréables qu'elles
soient pour tout le monde, fatiguent très-souvent
les accouchées. Elles provoquent même parfois
des complications qu'il était bien simple d'éviter,
mais qu'il n'est pas toujours aussi aisé de conjurer.

Occupons-nous du berceau. Il doit être cons-
truit de manière à ne pas justifier son nom : il
sera donc fixe, et cette disposition empêchera
de bercer son hôte. Les petites nacelles en fer
garnies d'un filet sont légères, gracieuses et me
paraissent convenir de tout point, pourvu qu'on
ait fait river la tige qui se trouve à l'une de leurs
extrémités. Sans cette précaution, l'enfant, à un
certain âge, peut, quand il se balance, imprimer
à sa couche des mouvements assez violents pour
qu'elle bascule complètement et le précipite à
terre. On a vu des exemples de cet accident. Les
lits en acajou qui ont cette forme sont aussi très-
acceptables. Même remarque à propos de leur
immobilité.

Il est inutile de calfeutrer l'enfant sous des
rideaux épais ; ils n'ont, en effet, d'autre mission
que de le garantir des courants d'air trop vifs.
Hors cette circonstance particulière, on doit les

tenir entr'ouverts, afin de fournir au nouveau-né toute la somme d'air dont il a besoin. Ces rideaux seront même disposés de façon à ce que, hermétiquement fermés, il laissent encore un grand intervalle entre eux et l'enfant. C'est pourquoi je ne suis pas partisan de ces berceaux à capotes basses, où le nourrisson étouffe. Je leur préfère de beaucoup ceux qui ont un long cou de cygne ou un anneau assez élevé pour servir de point de suspension aux rideaux. L'enfant y respire à son aise.

En été, si les mouches viennent le tourmenter durant son sommeil, on entoure le lit d'une gaze à mailles très-larges qui offrent à l'air un libre passage, sans qu'il soit possible aux insectes de franchir cette barrière. C'est la moustiquaire des pays chauds ; avec elle on se passe facilement de rideaux. Cela vaut mieux que la mauvaise habitude, généralement suivie en pareil cas, de se servir de mousseline épaisse et de l'appliquer immédiatement sur la figure de l'enfant. Celui-ci ne jouit alors que d'une couche d'air insignifiante, incapable de satisfaire aux exigences de la respiration.

Une paillasse en zostère, en crin ou en balle d'avoine, un oreiller formé de l'une des deux dernières substances, telle est, avec des draps, des couvertures de laine ou de coton, la composition de la literie du nouveau-né. La plume doit en être bannie. On aura soin de ne pas placer l'enfant toujours sur le même côté ; on le changera souvent de position, afin de ne pas favoriser ou provoquer la stase des liquides dans une partie exclusive de l'organisme.

Dans ma prochaine lettre, nous parlerons de la toilette du nouveau-né.

Daignez agréer, etc.

« Rien n'égale le bain pour entretenir la propreté du
» corps, cette colonne fondamentale de la santé.
» Un enfant qu'on baigne fréquemment acquiert par
» là une prérogative dont la génération actuelle est pres-
» que dépouillée, celle d'avoir une peau douée de toni-
» cité, de solidité et d'activité vitale.
» Qu'on donne donc aux enfants des bains tièdes, plus
» frais pour ceux qui sont robustes, plus chauds pour
» ceux qui sont faibles, mais en abaissant toujours la
» température, à mesure que les années s'accumulent et
» que les forces se développent. »

(HUFELAND, p. 448 et 449.)

« Deux conditions sont nécessaires pour rendre les
» bains de chaque jour salutaires aux enfants qui les
» supportent le mieux :
» 1° Ces bains doivent être très-courts, durer à peine
» quelques minutes et constituer un lavage général plu-
» tôt qu'un véritable bain ; 2° l'eau doit être seulement
» tiède, plutôt fraîche que chaude à la peau, en un mot,
» à la température de 25 à 30° centigrades. »

(DONNÉ, p. 249.)

« Cette pratique (celle des bains) est avantageuse, en ce
» sens qu'elle facilite la circulation générale et capillaire,
» qu'elle calme l'irritation, à laquelle les enfants sont
» exposés ; elle leur procure du repos, si ce n'est immé-
» diatement, au moins dans les vingt-quatre heures qui
» suivent le bain. »   (Dr CARON, p. 153.)

« La crasse, qui se forme chez les enfants tenus mal-
» proprement, forme à la longue une croûte épaisse qui
» empêche l'évaporation cutanée et détruit les bulbes
» capillaires. »   (DÉCLAT, p. 175.)

« Les frictions ont l'avantage de suppléer aux autres
» exercices à cet âge où, faible et manquant encore de
» soutien, l'enfant ne peut s'y livrer par lui-même et se-
» rait ainsi privé de leur salutaire influence. »

(Dr LÉGER, p. 210.)

VINGT-SEPTIÈME LETTRE

Soins à donner à l'enfant lors de sa naissance. Toilette et Hygiène du nouveau-né.

SOMMAIRE. — Préparer à l'avance et disposer à part ce qui sera nécessaire pour la première toilette. — Nettoyer le corps avec de l'huile, un jaune d'œuf et mettre l'enfant au bain. — L'essuyer devant un feu bien clair. — Pansement du cordon. — Précautions à prendre lorsqu'on fait passer la chemise et la brassière. — Éviter le froid pour le nouveau-né. — Le déposer dans son berceau. — Bains. — Poudre de lycopode ou de vieux bois, et non de fécule ou d'amidon. — Laver la tête et prévenir la formation d'un amas de crasse. — Moyen d'enlever ce produit de sécrétion, quand malgré tout il apparaît.

MADAME,

Votre layette a été préparée avec soin pendant les derniers mois de votre grossesse... Par une louable prévoyance, vous en avez distrait les éléments nécessaires à la première toilette du nouveau-né et vous avez enfermé ces vêtements dans un carton, une boîte, une corbeille. Sans cette sage mesure, le moment arrivé, vous pouvez être certaine qu'on bouleversera votre lingerie. L'accouchée, à qui il est interdit de s'occuper de semblables apprêts, souffre de ce désordre et des contre-temps qui en résultent. Elle s'épargnera toute contrariété, en suivant ponctuellement ma recommandation.

. Procédons à cette toilette qui débute par des soins de propreté. Souvent les enfants venant au monde ont le corps couvert d'une couche épaisse de matière blanchâtre, onctueuse, très-difficile à faire disparaître. L'eau n'y parviendrait certainement pas. Il faut donc commencer par opérer la dissolution de ce corps gras, en frottant la peau avec un jaune d'œuf, de l'huile, du cold-cream etc.

Je vois les gardes nettoyer l'enfant sur leurs genoux, en se servant d'un linge mouillé. Cette manière de faire offre plusieurs inconvénients. Elle demande d'abord beaucoup de temps, puis elle expose l'enfant au contact de l'air et à l'humidité. De là, évaporation assez active et chances de refroidissement. Il serait bien préférable, après avoir couvert l'enfant d'huile, comme je viens de le dire, de le plonger dans un bain tiède, de la température duquel on doit s'assurer avec la main. On pourra alors le laver à son aise, et il sera au moins à l'abri du froid.

Ces petits êtres sont si enchantés de se trouver plus chaudement, qu'ils cessent immédiatement de crier, ouvrent les yeux et savourent, avec une véritable béatitude qui fait plaisir à voir, cette première douceur de la vie. En effet, le brusque changement de température, qui s'opère pour le nouveau-né, par suite de la différence de chaleur qui existe entre le milieu où il était et celui qu'il occupe maintenant, lui fait pousser des cris violents. Ne vous en effrayez cependant pas, Madame, car ils sont de bon augure et dénotent la pleine possession de la vie. Quand nous ne les obtenons pas spontanément, nous nous hâtons de les provoquer.

On achève de laver l'enfant dans le bain et on le débarrasse entièrement de la substance grasse dont il était recouvert. Pendant ce temps, un feu de bois bien vif et bien clair a été préparé et une personne se charge de faire chauffer quelques serviettes. Avec l'une d'elles on l'essuie à peu près, une seconde le reçoit et l'enveloppe en complétant la première opération. Tout cela doit s'exécuter rapidement.

Alors commence la toilette du nouveau-né, et l'on applique le bonnet. Le pansement du cordon est ensuite effectué, en ayant soin de l'incliner à gauche, afin de ne pas comprimer à droite le foie qui, à cet âge, est très-développé. Dans certains pays, on emploie pour cela une espèce de ceinture avec trois ou quatre cordons à chaque extrémité. Cette pratique est mauvaise, car la compression douce, modérée, que l'on demande, est loin d'être

convenablement exercée. En effet, si l'on serre
avec quelque force, l'enfant sera gêné ; ou si cette
constriction est trop légère, le but proposé ne sera
plus atteint. Je préfère de beaucoup la bande
dont je vous ai parlé plus haut.

La chemise et la brassière viennent après. Ici
une simple remarque qui peut intéresser la jeune
mère : souvent l'enfant écarte les doigts, les maintient en éventail et on ne parvient pas à les disposer en cône. Une personne peu expérimentée
n'osera point opérer de tractions vigoureuses sur
les mains ; elle aura parfois beaucoup de peine
à leur faire franchir les manches de la chemise
et de la brassière.

On élude ces difficultés en s'y prenant comme
je vais vous l'indiquer. Après avoir réuni les deux
vêtements, de manière à pouvoir les passer ensemble, on replie les manches sur elles-mêmes,
et on leur donne la forme d'un anneau. Puis,
on enveloppe la main de l'enfant d'un cornet de
papier, dont on assujettit la base au poignet, à
l'aide d'un cordon. Par ce moyen, l'épanouisse-
ment des doigts est impossible, et leur marche
à travers les deux manches s'accomplit sans obstacle et sans temps d'arrêt.

Ne vous étonnez point, Madame, si je me montre aussi minutieux et si je descends dans tous
ces détails ; quand on a vu les angoisses et les
tourments des mères, qui redoutent pour leur

rejeton la moindre blessure, quand on a été témoin de toutes ces péripéties, on se sent obligé de venir au secours d'une inexpérience bien naturelle.

La couche et le lange sont ensuite placés ainsi que je l'ai dit en vous décrivant le maillot. Enfin, un petit mouchoir est jeté sur le cou. Si l'on adopte le maillot anglais, c'est en ce moment que sont mises les petites robes ; puis arrive le tour des bas et de la culotte. J'ai vu ajouter au-dessus de celle-ci, dans le but de préserver les vêtements extérieurs, un coin de taffetas gommé. Cette disposition est applicable au maillot ordinaire.

La toilette du nouveau-né est dès lors achevée, et il peut aller recevoir le premier baiser de celle à qui il doit le jour. Il ne faut pas exposer l'enfant à un courant d'air trop vif ; aussi ne traversera-t-on pas de corridor avec lui. Pour cette raison, je le fais habiller de préférence dans la chambre même qu'occupe l'accouchée. J'y trouve un double avantage, car je puis veiller tout à la fois sur la mère et sur l'enfant.
Les précautions que je viens d'énumérer, tendent à éloigner de celui-ci deux accidents assez fréquents, presque toujours bénins, il est vrai, mais qui parfois revêtent un caractère de gravité notable. Je veux parler de l'ophthalmie et du

coryza. J'aurai l'occasion d'y revenir dans une prochaine lettre.

L'enfant habillé, où faut-il le déposer? On le réchauffe vis-à-vis le feu et on le place dans son berceau. Surtout ne l'acceptez pas dans votre lit, car vous ne serez plus capable de vous en séparer, et il voudra toujours y demeurer, tant cette hospitalité lui paraîtra agréable. A partir de ce moment, en effet, il est déjà l'esclave de ses habitudes. C'est à vous, Madame, de cultiver les bonnes, et de chasser les mauvaises. « Une partie » de l'éducation, dit M. Donné, commence dès » le berceau, et dès le premier jour. L'enfant » obéit assez facilement à une volonté ferme et » continue. »

Le nouveau-né est une jeune plante qui a droit à tous nos soins. Ceux que nous sommes tenus avant tout de lui prodiguer, sont du ressort de l'hygiène. En conséquence, l'enfant sera souvent délivré de son maillot et lavé à grande eau; tous les jours on le plongera dans un bain, où on le frottera, soit avec une éponge, soit avec la main, pendant les courts instants qu'il y restera.

En le familiarisant ainsi de bonne heure avec ces immersions journalières, on évite pour l'avenir des embarras qui surgissent lors de l'indication des bains dans les maladies. Cette opération doit se faire dans une chambre dont la température soit assez élevée ; on garantira ensuite le nourrisson de toute espèce de refroidissement, en l'essuyant rapidement avec du linge bien chaud, qui servira en même temps à frictionner le dos, la poitrine et les membres jusqu'à y déterminer une certaine rubéfaction.

La négligence ou l'oubli de tout ce qui a trait à la propreté, est la cause la plus fréquente de ces éruptions qui tourmentent le nouveau-né et lui donnent même parfois un peu de fièvre. En pareil cas, les gardes ne manquent pas de dire que le lait de Madame est *échauffé* et qu'elle aurait besoin de *rafraîchir*. Sans regarder toujours cette idée comme complètement erronée, je crois qu'en réalité il faut en accuser bien plutôt leur incurie.

En effet, la plupart n'enlèvent le maillot que trois fois par jour : c'est trop peu. Ainsi il est des enfants qui remplissent leurs fonctions aussitôt après l'application de la couche et du lange. Si on ne le soupçonne pas et qu'on ne change le tout que trois heures après, l'enfant séjourne pendant ce laps de temps au milieu des ordures et de l'humidité, qui irritent la peau d'une manière très-fâcheuse. C'est pourquoi, il ne faut pas craindre de démaillotter inutilement, quand on a lieu de penser que la couche est souillée de déjection. Mieux vaut prendre cette peine sans nécessité, que de provoquer, par une paresse coupable, des inconvénients toujours sérieux.

Enfin, certains nourrissons semblent attendre qu'ils soient débarrassés de toute leur enveloppe de vêtements, pour satisfaire aux exigences de la nature. Quelle est la cause de cette bizarrerie ? Est-ce l'action de l'air, du froid ? Nous l'ignorons, mais nous remarquons que ces enfants sont plus faciles à élever sous le rapport de la propreté. Si l'on néglige pour ceux-ci d'ouvrir le maillot assez fréquemment, il en résulte un retard dans l'accomplissement d'actes qui tiennent la santé générale sous leur dépendance. D'où encore des troubles préjudiciables au nouveau-né.

D'ailleurs, pourquoi emprisonner si longtemps le ventre et les jambes ? Il est plus sain de découvrir l'enfant à plusieurs reprises dans le courant de la journée et de le tenir ainsi sur les genoux devant un bon feu. Quelques frictions sur le dos et sur les membres, avec un linge fin, sont encore fort utiles. La petite créature vous témoigne très-bien à sa façon le plaisir qu'elle en éprouve. Elle agite les bras et les jambes, ouvre les yeux et demeure en cet état sans faire entendre la moindre plainte. Tout cela équivaut pour l'enfant à une promenade hygiénique.

Lorsqu'on a bien lavé et essuyé l'enfant partout, en ayant soin toutefois d'éponger, et non de frotter, dans certaines parties comme les aînes, les cuisses, les aisselles, etc., on couvre celles-ci de lycopode ou de poudre de vieux bois, et l'on écarte les replis de la peau, pour que ces cavités en soient abondamment pourvues.

Ces deux substances ont l'avantage de laisser couler l'urine sans l'absorber, sans s'incorporer avec elle. Elles font pour les téguments, l'office d'un vernis protecteur. Il n'en est pas de même de l'amidon, de la fécule de pomme de terre, du bleu de toilette, etc., qui sont facilement gonflés, imbibés par l'urine et qui finissent par former une pâte solide, irritant par sa présence les sinuosités et y déterminant des plaies très-douloureuses.

Il est un point important sur lequel les Médecins ne cessent d'appeler l'attention des familles et dont ils ne parviennent, néanmoins, que rarement à obtenir l'exécution. C'est une routine tellement ancienne et enracinée qu'il n'y a pas moyen d'opérer le moindre changement. Il s'agit de la propreté de la tête.

Chez l'enfant, la transpiration est fort active dans cette région et peu de temps après la naissance, il commence à se déposer sur le cuir chevelu une crasse facile à enlever d'abord, mais qui devient de plus en plus épaisse et qui s'étend

aussi progressivement jusqu'au point d'envelopper toute la tête comme une véritable calotte. Le
nouveau-né présente alors un aspect dégoûtant
et l'odeur repoussante qu'il exhale, rend son
voisinage désagréable à un odorat tant soit peu
délicat.

Les bonnes femmes respectent cette sécrétion
de la manière la plus scrupuleuse et se gardent
d'y toucher. Pareille imprudence amènerait, à
leur avis, des gourmes, des abcès, des ophthalmies, des maux de toute espèce. Nous avons
beau leur répéter que leur conduite aveugle est
bien plus capable de les produire ; elles ne nous
écoutent point, ou, accueillant nos paroles avec
un sourire d'incrédulité, elles persistent dans
leur croyance.

Vous ne suivrez pas leur exemple, Madame ;
vous nettoierez tous les jours la tête de votre enfant, en y passant légèrement une éponge humectée d'eau de pluie et en l'essuyant immédiatement
après avec un linge très-doux. Vous aurez la
précaution de ne pas employer trop d'eau et de
ne pas laisser la surface du cuir chevelu longtemps humide, car l'évaporation déterminerait
un refroidissement qui pourrait porter de graves
atteintes à la santé.

Ces simples lotions empêcheront l'agglomèra-
tion de la crasse, et si, malgré tout, celle-ci
apparaissait, voici un moyen de l'arrêter dès son

début. Chaque soir, mettez de l'huile d'olives ou d'amandes douces sur la tête de votre enfant, couvrez-la d'un bonnet de toile, et le lendemain, frottez doucement d'arrière en avant avec une brosse de chiendent. Ces frictions légères détacheront parfaitement les pellicules qui se formeraient.

Ici se termine tout ce qui concerne la toilette et la propreté. A ma prochaine lettre, *l'hygiène générale du nouveau-né.*

Daignez agréer, etc.

« La nature nous montre partout la puissance du sol,
» de l'air et de la température sur l'organisation et les
» facultés de l'espèce humaine. »

(LACÉPÈDE.)

« Il est des femmes qui s'imaginent élever leurs en-
» fants mieux que les autres, en les tenant constamment
» renfermés dans un salon ou dans une chambre à cou-
» cher, et qui finissent par les rendre blêmes ou dénués
» de force et de vigueur ; ceux là sont plus que tous les
» autres exposés aux rhumes et à tous les résultats des
» vicissitudes atmosphériques. »

(Dr SOVET, p. 37.)

« Habituez de bonne heure vos enfants à avoir la tête
» peu couverte ; vous éviterez ainsi l'afflux des liquides
» qui ont une grande tendance à se porter vers cette
» partie dans le premier âge. Le reste du corps ne doit
» pas être non plus couvert. Cette mauvaise habitude
» détermine des transpirations forcées et abondantes,
» des éruptions sudorales et des démangeaisons souvent
» fort pénibles. »

(Dr GUIET, p. 69.)

« Les enfants nés au printemps et en été ont un grand
» avantage sur les autres, en ce qu'on peut les familia-
» riser de meilleure heure avec cet élément (l'air) et les
» tenir plus longtemps exposés à son action.
» En général, il faut éviter que le vent, lorsqu'il est
» fort, frappe au visage des très-jeunes enfants. »

(HUFELAND, p. 460 et 461.)

« Prodiguez donc à vos enfants l'air et le soleil, l'air
» pur et la lumière, ces toniques si puissants donnés par
» le bon Dieu, et qui ne coûtent ni argent, ni sueurs à
» personne. »

(Dr BERGERET, p. 269.)

VINGT-HUITIÈME LETTRE

Hygiène générale du nouveau-né.

SOMMAIRE. — L'enfant ne dormira pas continuellement et ne séjournera pas non plus trop longtemps dans son berceau. — Le mouvement lui est nécessaire. — Particularités relatives au sommeil des enfants très-forts ou très-faibles. — Première sortie du nouveau-né. — Choisir le moment le plus favorable de la journée. — Ne pas trop couvrir le nourrisson. — Couleur des vêtements en général. — Voile pour l'hiver et pour l'été. — L'enfant ne sera point bercé. — Le déposer tout éveillé dans son berceau. — Une courte sieste dans le jour et jusqu'à un certain âge seulement.

MADAME,

L'enfant doit dormir plus souvent que l'adulte, mais il ne faut pas que ce besoin soit satisfait outre mesure. L'immobilité dans laquelle il demeure, lui serait nuisible, si elle était par trop prolongée ou trop fréquemment répétée. Le repos absolu gêne, en effet, la circulation, et compromet la santé ; de plus, il détermine chez le nouveau-né un manque de chaleur, élément très-nécessaire à son existence.

L'adulte se remue dans son lit, change de place, en se couchant tantôt à gauche, tantôt à droite ou sur le dos. L'enfant reste, au contraire, tel qu'on le met dans son berceau, emprisonné et paralysé au milieu de ses langes. Il est donc utile de faire cesser de temps en temps cette absence complète de mouvement, qui favorise trop la stagnation des liquides et du sang en particulier. On prendra le nourrisson, et on l'agitera un peu, en le promenant.

Remarquez, d'ailleurs, Madame, que, par instinct, il semble désirer cette agitation salutaire. Ainsi, dès que ses membres sont libres, il s'y abandonne dans la limite des forces dont il dispose. En outre, il affectionne tout particulièrement ceux qui l'aident à accomplir ces petits exercices. Un enfant de huit à dix mois, par exemple, aimera généralement mieux un domestique qui s'amusera à le faire danser sur ses bras, qu'une bonne indolente qui le tiendra habituellement immobile comme un paquet inerte.

Non-seulement vous veillerez à ce qu'on n'élève point de la sorte votre enfant, mais encore vous recommanderez qu'on le porte alternativement de chaque côté. Il est bien entendu que cette gymnastique élémentaire ne dégénèrera pas en secousses violentes et dangereuses.

Le sommeil des enfants présente quelquefois une particularité que je vais vous signaler ; il se prolonge assez pour inquiéter les parents. Les nourrissons sont alors, ou très-forts, ou très-faibles. Les premiers paraissent vivre d'abord aux dépens de leur excès d'embonpoint. Les autres ont presque toujours une nourriture insuffisante, et tombent dans un état de prostration qui dénote toute la langueur de l'organisme.

Dans le premier cas, l'inconvénient n'est pas grand ; mais, dans le second, l'enfant se refroidit, dépérit et sa vie peut courir quelque danger. De part et d'autre, un moyen très-simple met fin à ce sommeil exagéré. On enlève le maillot, on expose l'enfant à la chaleur excitante d'un feu bien clair, et, après l'avoir frictionné assez vigoureusement, on lui offre le sein. Ces manœuvres suffisent pour le tirer de sa torpeur.

Tels sont, Madame, les soins que réclame la vie d'intérieur du nouveau-né. Bientôt, il y aura lieu de le soumettre à l'action de l'air extérieur. Quand donc pourra s'effectuer la première sortie? En général, elle est reportée à la troisième semaine qui suit sa naissance, mais cette époque varie avec la saison. Néanmoins, quand celle-ci n'est pas trop rigoureuse, il faut habituer de bonne heure l'enfant à faire presque tous les jours sa promenade.

Permettez-moi, sur ce point, certaines observations.

Le moment de cette excursion ne doit pas être
subordonné aux occupations de la mère ou de la
nourrice. On sort quand il fait beau et que la
température est convenable. C'est là le seul guide
à suivre. A part les grandes chaleurs de l'été, le
milieu de la journée, de onze heures à deux heures par exemple, sera choisi comme l'instant
le plus favorable. Malheureusement ce n'est pas
toujours ainsi que l'on procède. On n'est prêt que
vers trois ou quatre heures, c'est-à-dire quand on
devrait déjà être rentré, ou bien, si l'on est sorti
vers le midi, on passe son temps en visites, et l'on
ne songe à regagner le domicile qu'à une heure
déjà trop avancée pour le jeune enfant.

Or, que les mères veuillent bien y réfléchir, ce
qui peut ne pas être nuisible à la santé des adultes, portera souvent de grands désordres dans
la frêle constitution d'un nouveau-né. C'est de
lui qu'il faut s'occuper avant tout et il n'est rien
qui ne doive plier devant un pareil intérêt.

Ainsi, lorsque la température est froide et humide, que le vent est fort, il vaut mieux rester à
la maison. L'enfant contracte alors trop facilement
des ophthalmies, des coryzas, et l'air frais, arrivant par bouffées dans ses bronches, peut déterminer un rhume dont il est impossible de prévoir
les conséquences. Les mères nous répondent à ce

propos : « Mais, Monsieur, mon enfant est bien couvert. » Souvent il ne l'est que trop en vérité, ce qui est loin de l'empêcher de s'enrhumer. Nouvel abus contre lequel je veux vous mettre en garde.

Assurément la chaleur est nécessaire à l'enfant, mais il ne s'en suit pas qu'au-dessus de son maillot déjà bien chaud, de la robe qui le recouvre, vous deviez mettre encore un immense manteau, qui fait tout l'orgueil des mères et qui est, convenez-en, un pesant fardeau. Ce poids, je le sais, est en partie supporté par la bonne ou par la nourrice, mais la chaleur, que ce vêtement trop lourd va provoquer, n'en atteint pas moins le nourrisson. Il en résulte pour lui un état de moiteur prononcée, presque une transpiration, et alors, au plus faible courant d'air, à la plus légère fraîcheur, survient un accident quelconque. Faites, en effet, déshabiller un enfant vêtu dans ces conditions, et vous verrez, Madame, si mes recommandations sont inopportunes. Les chemises et les brassières sont parfois trempées de sueur.

De pareils excès de précaution sont bien plutôt de nature à débiliter qu'à fortifier un nouveau-né. Rappelez-vous, Madame, ce malaise, cette gêne que nous éprouvons lorsque, aux premières journées du printemps, nous conservons pendant une promenade de quelques heures, nos vêtements d'hiver, et vous pourrez vous faire une idée du

supplice que nous infligeons à ces pauvres enfants.

Un manteau court, assez léger, à simple collet ;
un capuchon ou capeline en étoffe mince, blanche
autant que possible, entourant la tête comme une
coiffe ; tel est, pour l'extérieur, le complément
de toilette qui me paraît préférable. En été, cette
même capeline remplace avec avantage l'ombrelle
qui sert bien plus souvent à préserver la bonne
que l'enfant lui-même.

Je viens de vous parler de la couleur des vêtements ; deux mots à ce sujet. En général, les
étoffes qui servent à les confectionner devraient
être blanches et par conséquent faciles à laver.
Lorsqu'on s'approche d'un enfant ou qu'on le
prend dans ses bras, il faut qu'on ne perçoive
aucune mauvaise odeur, et que, comme disent
les Flamandes, il semble sortir d'une armoire au
linge. Cela est de toute impossibilité avec les brassières, robes, bonnet, etc., en laine, en drap ou
en indienne de couleur foncée.

N'oubliez point aussi, Madame, que l'air est de
première nécessité pour l'enfant : je vous l'ai déjà
dit, mais j'y reviens. La moindre privation de cet
élément précieux compromet son existence. Et
ce n'est certainement pas en enveloppant sa figure
de mouchoirs, en l'écrasant de couvertures que le
but exigé sera rempli. En voici un exemple :

J'ai lu dans un journal qu'une sage-femme,

montée en chemin de fer avec un enfant qu'elle venait d'aller reprendre à la nourrice, ne trouva plus qu'un cadavre en arrivant à la fin de son voyage, qui n'était cependant pas bien long. L'enfant avait été asphyxié, littéralement enseveli sous ses vêtements.

L'été, le nouveau-né est souvent tourmenté pendant ses sorties, par des mouches, des insectes ; on peut facilement l'en garantir, en suspendant à sa capeline et en laissant flotter au devant de son visage une gaze à larges mailles qui éloignera tout visiteur ailé.

Ce moyen est encore bon en hiver, pour éviter l'action trop immédiate et, par suite, dangereuse du froid. Le vent, tamisé alors par le tissu, traversera, avant d'arriver dans les bronches, cette couche d'air, placée entre le voile et la figure de l'enfant et qui est toujours plus chaude. Le fluide pénètrera donc dans la poitrine à une température plus appropriée à ces jeunes organes.

Épargnez-vous aussi, Madame, je ne saurais trop le répéter, des ennuis et des fatigues sans nombre, en faisant prendre, dès sa naissance, de bonnes habitudes à votre enfant. Ainsi, ne commettez point la faiblesse de le bercer : cette manie, trop répandue, peut ne pas nuire à sa santé, mais, dans tous les cas, elle n'a aucune raison d'être.

Ne l'habituez pas non plus à s'endormir sur vos

genoux ou dans vos bras, car plus tard et pendant
longtemps il exigerait chaque soir que vos balan-
cements et vos chants vinssent clore sa paupière.
Au contraire, déposez-le tout éveillé dans son
berceau et il cessera bientôt de crier pour se livrer tranquillement au sommeil. De même il doit
savoir dormir au milieu du bruit, des causeries,
du mouvement ordinaire d'un ménage. Sans cela,
trop de causes interrompraient à chaque instant
son repos.

Ne croyez pas, Madame, que tous ces résultats
soient bien difficiles à obtenir. Commencer dès
les premières heures de la vie, montrer une volonté ferme, inébranlable, sans se rendre coupable de la moindre concession, ne fût-ce qu'une
seule fois ; voilà tout le secret.

Jusqu'à un certain âge, les enfants ont besoin
de dormir pendant la journée. Quand ils sont
encore très-jeunes, il n'y a pas d'inconvénients à
ce qu'ils fassent leur sieste à la promenade. Pour
cela j'ai vu mettre en usage un moyen qui me paraît digne de l'approbation des mères. Au lieu de
reposer sur les bras de la bonne, la tête de l'enfant est supportée par un oreiller en crin, en zostère, en fougère ou en ba le d'avoine. Cette position est plus agréable et la tête est soumise à
moins de chaleur. Quant au danger de laisser
tomber plus facilement le nourrisson, c'est là une
crainte, sinon illusoire, du moins certainement

exagérée. Je vous recommande donc cette méthode pour laquelle on emploie, dans certains départements et notamment du côté de Nancy, une enveloppe qui, par sa forme, a mérité le nom de *portefeuille*. Ce vêtement supplémentaire remplace la robe, et le nouveau-né, enveloppé de son maillot, s'y trouve bien, sans que le coup d'œil en soit désagréable.

A deux ans, l'enfant doit perdre l'habitude de dormir dans la journée. Toutes les fois que le temps sera assez beau et que la température ne sera pas trop froide, il vaudra mieux qu'il aille prendre ses ébats au dehors et jouir des avantages de l'air extérieur. Une promenade dans une petite voiture, à la campagne est, à cet âge, chose très-utile et très-profitable.

Daignez agréer, etc.

« Le public, si crédule d'habitude, n'est sceptique qu'à
» l'endroit d'une médecine intelligente et consciencieuse.

» Les bains calment comme par enchantement ces
» petits malaises, si fréquents au début de la vie, et sont
» infiniment préférables aux drogues dont il faut être
» avare en tout temps, mais surtout à cette époque.

» Quant aux moyens artificiels, préconisés pour provo-
» quer le sommeil, tels que les sirops diacode, thébaïque,
» les lavements d'eau de pavot, etc., ils sont dangereux
» et doivent être sévèrement proscrits. »

(Dr Guiet, p. 146, 157 et 171.)

« J'avoue que je ne suis pas partisan de cette méde-
» cine (sirop de chicorée), même quand les accidents
» deviennent plus sérieux que nous ne l'avons supposé,
» et que j'ai plus de confiance dans le régime que dans
» les remèdes. »   (Donné, p. 202.)

« Commencer la vie avec les remèdes, c'est vouloir
» que l'on finisse avec eux. »

(Underwood. — Le Barillier, p. 36.)

« Est-il, en bonne conscience, un de ces médicastres
» en boutique qui soit à même de faire un diagnostic
» sérieux sur la plus légère indisposition d'un enfant
» nouveau-né ? »   (Dr Caron, p. 192.)

« On a longtemps attribué à l'évolution de l'appareil
» dentaire la plupart des maladies du jeune âge ; aujour-
» d'hui cette idée, encore populaire, commence à s'ef-
» facer de l'esprit des Médecins. »

(Rilliet et Barthez, t. I, p. 11.)

« Ce phénomène (la dentition) tout naturel est destiné
» à s'opérer pacifiquement et ne se métamorphose en crise
» que par suite de l'imprudence, de l'incurie, de l'igno-
» rance ou d'un mauvais système d'alimentation. »

(Delabarre, p. 39.)

« Il vaut toujours mieux choisir un enfant bien por-
» tant, parce que le vaccin, comme une plante, pousse
» plus vigoureusement sur un enfant sain que sur un
» enfant malade. »   (Déclat, p. 301.)

VINGT-NEUVIÈME LETTRE

De quelques Accidents qui peuvent survenir chez les nouveaux-nés.

MADAME,

Je consacrerai cette lettre à un rapide examen des accidents que l'on a l'occasion de constater chez le nouveau-né. Dans cette exposition, qui ne prétend point être médicale et qui a tout simplement pour but de combattre des préjugés absurdes et de provoquer des précautions utiles, je suivrai à peu près l'ordre dans lequel ces complications apparaissent le plus souvent.

1° *Tumeur sero-sanguine.* — Du fait même de l'accouchement et par une conséquence purement mécanique, l'enfant peut présenter en naissant une bosse sero-sanguine, qui donne dans certains cas à la tête une longueur tout à fait anormale. On nous demande alors s'il n'est pas utile de remédier à cette disposition vicieuse, s'il ne faut pas arranger le crâne, en le moulant entre les mains. Cet incident ne réclame en aucune manière notre intervention ; un jour ou deux se seront à peine écoulés que tout aura disparu, sans qu'on s'en soit occupé.

Beaucoup de sages-femmes s'empressent de prescrire l'application de compresses trempées dans du vin ou tout autre liquide un peu astringent, et toujours, comme bien vous le pensez, elles obtiennent un succès qui, en réalité, n'est dû qu'aux seuls efforts de la nature. Lorsque cette tumeur est plus volumineuse qu'à l'ordinaire, ou persiste quelques jours après l'accouchement, elle nécessite un traitement spécial de la part de l'accoucheur.

2o *Filet* ou *frein de la langue*. — Comme les premiers moments de l'allaitement sont accompagnés de difficultés et exigent de la mère et de son entourage beaucoup de patience, les gardes ne manquent jamais d'en accuser le *filet* ou *frein* de la langue. A les en croire, il faudrait opérer tous les enfants. N'acceptez leur dire qu'avec une grande réserve. D'ailleurs, c'est un accident de peu d'importance, et votre accoucheur sera seul juge pour décider si l'opération est nécessaire.

3o *Ophthalmie.* — Sans prendre toujours un caractère de gravité prononcée en devenant purulente, l'ophthalmie n'en est pas moins très-fréquente chez le nouveau-né. Un courant d'air vif peut la faire naître. Le remède des nourrices et des gardes est le lait de femme. Des lotions à l'eau froide et l'usage d'un collyre faiblement astringent, semblent de beaucoup préférables.

4o *Coryza* ou *rhume de cerveau.* — Affection aussi bénigne que possible chez l'adulte, le coryza est, au moment de la naissance, un mal assez dangereux pour compromettre la vie. En voici la raison : Quand l'enfant tette, ainsi que je vous l'ai déjà dit, toutes ses ressources respiratoires siègent dans le nez. Fermez à l'air cette porte d'entrée et le nourrisson s'empressera d'ouvrir la bouche pour y suppléer. Or le coryza condamne le nez à l'inaction. Dès lors, l'acte de la succion ne peut plus s'accomplir et l'allaitement régulier est rendu impossible. L'enfant se trouve dans l'alternative de ne pas têter ou de têter avec si grande rapidité que la déglutition n'a pas le temps de se faire, et qu'une partie du liquide gagne les voies aériennes. De là, toux, angoisses pénibles, dépit de l'enfant, etc., et comme consé-

quences, alimentation insuffisante et dépérissement.

On en est réduit, en pareil cas, à traire le lait
de la mère ou de la nourrice dans une cuillère
et à le lui donner ainsi par petite portion à la fois.
Un peu de suif sur le nez et sur le front est un
remède assez répandu, qui peut être employé.
On a vanté aussi l'application de toile Dieu sur
le front.

5° *Des coliques* et *de la constipation*. — Lorsque
le *méconium* ne sort pas facilement, les enfants
éprouvent des coliques, après avoir pris le sein
de leur mère. Les gardes réclament tout de suite
l'emploi du sirop de chicorée. Quand, au contraire, la sortie du méconium s'effectue, mais
accompagnée de douleurs assez vives, elles voudraient voir administrer du sirop de laitue et
même du sirop diacode. Je vous le répète,
Madame, c'est faire de la médecine inutilement.
Un lavement avec de l'eau de mauve ou de l'eau
de son vient, en délayant le méconium et en
excitant les contractions de l'intestin, mettre fin
à ce désordre, qui n'est après tout que la marche
de la nature un peu trop accentuée.

D'ailleurs, Madame, ici comme pour la constipation, les vomissements, l'agitation, l'insom-
nie, la diarrhée même à certain degré, péné-
trez-vous bien de cette vérité : l'alimentation,

l'hygiène, sont de la plus haute importance, et les médicaments ne jouissent que d'une utilité fort douteuse.

Un bon air, des soins de propreté, quelques bains pris avec prudence, une promenade à une heure et à une température convenables, enfin un régime sagement dirigé et observé, valent mieux que toutes les richesses de la plus somptueuse pharmacie. Mais tout cela demande du temps, de la persévérance, et il est d'exécution plus facile et plus courte de donner une cuillerée de sirop que d'administrer un lavement et de soigner l'enfant comme nous le désirons. Aussi le choix est-il vite fait. L'avenir vient prouver que nous avions raison, mais souvent il est trop tard.

6° *Lait dans les seins*. — On rencontre parfois chez le nouveau-né, une particularité assez bizarre ; je veux parler de la présence du lait dans les seins. Chose remarquable encore : d'après les recherches de M. le professeur Natalis Guillot, ce phénomène serait plus fréquent chez les garçons que chez les filles. Quoiqu'il en soit, cette sécrétion exceptionnelle demande à être surveillée.

Pour peu que la glande mammaire soit dure, il faut la presser, sinon vigoureusement, du moins d'une manière continue entre les doigts, afin d'en extraire le lait qui jaillit chez certains enfants avec assez de force, tandis que le plus souvent il s'écoule en bavant. Cette manœuvre, exécutée prudemment par la garde, une ou deux fois par jour, n'amène aucun accident et elle suffit la plupart du temps pour conjurer toute aggravation.

Cependant il peut arriver qu'on soit obligé d'appliquer de la ouate et des cataplasmes de farine de lin ou de fécule de pomme de terre. Les gardes ne sont point généralement de cet avis, car c'est pour elles un surcroît de besogne. Grâce à cette négligence, il se forme des abcès, qui, heureusement, n'ont jamais de suites fâcheuses.

7º *Muguet.* — La bouche du nouveau-né peut être le siége d'une éruption, appelée *muguet* par les médecins, et qui a reçu dans le pays où j'exerce différents noms, entre autres, celui de *ramette.* J'ignore l'origine de ce mot.

Les remèdes qu'on lui oppose sont aussi assez singuliers. Par exemple, on croit très-efficace de faire téter le sein d'une vieille femme ; je passe mainte autre niaiserie de la même force.

Cette affection n'est dangereuse que dans les hôpitaux, où elle dénote une mauvaise constitution médicale, et à ce titre elle peut être considérée comme le signe avant-coureur d'une épidémie. Isolée et envisagée au point de vue de la clientèle particulière, elle n'offre aucun caractère de gravité. Elle ne vous inquiétera donc pas si elle se manifeste chez votre enfant.

8° *Évolution dentaire.* — Elle se fait plus ou moins vite et affecte les allures les plus diverses. On a voulu réglementer la sortie des dents, mais cette prétention est souvent mise en défaut, car à chaque instant on constate des choses tout à fait opposées qui la réduisent à néant. Ordre d'apparition, intervalles qui séparent chaque éruption, accidents qui l'accompagnent, tout est variable. Les données, émises par les observateurs les plus consciencieux, n'aboutissent qu'à des approximations et à des probabilités.

Le fait le plus saillant, qui se rapporte à la première dentition, consiste dans les phénomènes nerveux, les convulsions qu'elle provoque quelquefois et qui ne sont pas toujours sans péril. M. le Dr Delabarre est l'inventeur d'un sirop destiné à combattre le prurit dentaire, cause réelle, d'après lui, de cette surexcitation nerveuse. Ce médicament se compose de miel, de safran et d'un fruit, dont l'auteur ne divulgue point le nom. Il suffit d'en mouiller le doigt et de le passer sur les gencives, en y opérant de légères frictions. Je l'ai déjà prescrit un certain nombre de fois, et l'enfant chagrin, tourmenté, paraît se calmer assez rapidement. Est-ce le frottement, est-ce le sirop lui-même qui produit cet heureux résultat ? Sans résoudre définitivement la question, je ferai cependant observer que le premier moyen, employé isolément, échoue dans la majorité des cas. Ce sirop de dentition ne présente, à mes yeux, qu'un inconvénient, c'est de coûter fort cher.

Avant de fermer cette lettre, je placerai ici quelques mots touchant la *vaccination*. On attend ordinairement que les enfants aient au moins deux mois pour les vacciner. Plus tôt, j'ai vu l'érysipèle survenir, probablement par suite de la trop grande irritabilité de la peau. C'est pourquoi je ne devance cette époque que dans les cas d'épidémie, et alors je vaccine même quelques jours après la naissance.

Que l'enfant soit vacciné aux deux bras ou à un seul, peu importe pour le but qu'on se propose. Nous assurons tout à la fois et le succès de l'inoculation et la conservation du vaccin, en pratiquant trois ou quatre piqûres, mais une pustule suffit et garantit tout aussi bien de la variole ou petite vérole.

Dans ces derniers temps, on a vivement attaqué la vaccination comme étant nuisible à l'humanité. Je suis de ceux, Madame, qui propagent chaleureusement encore l'immortelle découverte de

Jenner et nous ne sommes pas les moins nombreux.

Je dois vous faire connaître certains préjugés qui courent le monde au sujet de la vaccine. Des parents craignent de laisser prendre du vaccin à leur enfant. C'est une erreur et un manque de reconnaissance. N'y eût-il qu'une pustule, on pourrait recueillir le virus, attendu que son effet sur l'économie est désormais accompli. Une revaccination opérée à peu de temps de là serait sans effet. Et puis, si toutes les familles raisonnaient ainsi, où en serait la transmission du vaccin ? Évidemment elle deviendrait impossible.

Que vous dirai-je de la qualité du vaccin relativement à la constitution et à la santé de l'enfant qui l'a fourni ? On a beaucoup exagéré cette influence qui se réduit à de très-minimes proportions. Cependant, je le dis bien franchement, quand on a le choix ou que l'on peut différer la vaccination, il vaut mieux recourir à un enfant sain et bien portant. Ce que l'on a emprunté à un pareil terrain donnera certainement un meilleur produit. Pour cette raison, je vaccine le plus souvent de bras à bras, de sorte que les mères voient alors par elles-mêmes où je vais puiser et j'ai, en outre, plus d'espoir de réussir. La vaccination, faite à l'aide de plaques de verre ou de tubes n'en est pas moins très-utile dans beaucoup

de circonstances, à la campagne, par exemple, où
les longues distances empêchent presque toujours
de réunir les enfants.

Je viens déjà de vous signaler certaines difficultés qui surgissent dans l'application de ce
précieux préservatif ; en voici une dernière que
nous avons aussi à combattre. Une mère me re-
fusait un jour du vaccin de son enfant, parce que
ce n'était encore que le huitième jour. Mon pré-
décesseur n'avait pris, disait-elle, ce virus à ses
aînés que le dixième ou le douzième jour au
moins. Les souvenirs de cette dame manquaient
très-probablement d'exactitude. Mais, dans le cas
contraire, je déclare cette méthode mauvaise. A
une date aussi éloignée, on n'obtient que du pus,
tandis que le *vaccin* proprement dit, véritable
liquide préservateur, est dans toute sa pureté et
sa force vers le sixième ou le septième jour. Si
l'on a réellement procédé comme le prétendait
ma cliente, on avait beaucoup plus de chances
d'échouer, et celles-ci sont déjà assez nombreuses
lorsqu'on s'entoure des plus grandes précautions,
pour qu'on ne cherche point à en augmenter la
somme.

Daignez agréer, etc.

« Rien n'est plus absurde que de convertir en une
» statue l'enfant auquel la nature a si sagement inculqué
» l'instinct du mouvement. »   (HUFELAND, p. 532.)

« Quand les chariots et tous les appareils inventés pour
» activer la marche de l'enfant ne l'estropient pas, ils
» lui donnent l'inexpérience et par cela même retardent
» le travail de la nature. »   (DÉCLAT, p. 159.)

« Proscrivez, si vous le voulez, bourrelets, lisières, pa-
» niers en osier même ; tous ces moyens sont plus pro-
» pres à rendre les enfants poltrons et maladroits qu'à
» les préserver des accidents ; mais entourez-les de pré-
» cautions dont la vigilance fasse surtout les frais. »
                              (THÉRY, t. I, p. 6.)

« Sans l'exercice, toutes les fonctions sont en souf-
» france, et l'exercice le plus salutaire est la promenade
» en plein air où les enfants s'ébattent en toute liberté. »
                              (LE BARILLIER, p. 91.)

« Laissez donc à l'enfant le temps de se développer
» paisiblement, lentement, permettez-lui d'acquérir cette
» vigueur constitutionnelle qui le mettra à même de
» faire librement et sciemment son entrée dans la vie. »
                              (Dr CARON, p. 186.)

« Ces fleurs animées qu'on appelle enfants, se com-
» portent exactement comme les fleurs de nos parterres.
» L'éducation moderne nous paraît avoir une tendance
» regrettable à faire prédominer la culture intellectuelle
» sur le développement des forces physiques. La santé
» des générations nouvelles en souffre d'une manière
» évidente. L'antiquité nous offre un spectacle bien dif-
» férent. »   (Dr BERGERET, p. 256 et 271.)

« L'intention de la nature est que le corps se fortifie
» avant que l'esprit s'exerce. Sans cesse enfermés dans
» une chambre avec des livres, ils perdent toute leur
» vigueur, ils deviennent délicats, faibles, malsains, plu-
» tôt hébétés que raisonnables et l'âme se sent toute la
» vie du dépérissement du corps. »
              (J.-J. ROUSSEAU. — LE BARILLIER, p. 95.)

TRENTIÈME LETTRE

Hygiène générale de la première enfance.

SOMMAIRE. — Nourriture simple. — Régler les heures des repas. — Surveiller l'accomplissement de certaines fonctions. — Enseigner de bonne heure les soins de propreté. — Vêtements simples. — Bonne chambre à coucher. — Disséminer les enfants pendant la nuit. — Les habituer à dormir dans l'obscurité. — Pas de machines pour l'apprentissage de la marche. — Promenades quotidiennes. — Réunir quelques enfants pour leurs jeux. — Mauvais effets d'un trop grand rassemblement. — Penser à l'éducation physique avant de songer à l'instruction. — Exercices du corps. — Gymnastique. — Hygiène morale.

Madame,

Je vais clore cette série de lettres et de conseils par un coup d'œil d'ensemble sur l'*hygiène générale* de la première enfance. Cette science de la vie ou mieux de la santé, partage le sort de l'allaitement ; elle est souvent fort mal comprise. Adoptons la même marche que pour le nouveau-né, et suivons l'enfant qui grandit, en nous occupant de sa nourriture, de ses vêtements, de ses promenades, de sa chambre à coucher, de son sommeil, etc.

La nourriture de l'enfant sera simple, peu épicée : son estomac n'a besoin d'aucun stimulant. Les potages gras et maigres, les œufs, les viandes rôties formeront la base de son régime. On se laisse trop aller à l'usage de donner indistinctement de tous les mets aux enfants ; il en est qui doivent leur être interdits. Cette tendance est fâcheuse et a fréquemment amené des indigestions.

Je signalerai deux sortes d'aliments, qu'on leur prodigue avec une grande libéralité, lorsqu'on devrait les accorder au contraire avec une sage parcimonie : vous avez déjà compris qu'il s'agit de pâtisseries et de fruits. Les premières sont, en général, très-grasses et, par suite, d'une digestion difficile. Les autres ne peuvent, dans le Nord surtout, être servis qu'à titre de dessert. Ils sont trop aqueux et trop peu digestibles pour occuper une place sérieuse dans l'alimentation.

Point de café, point de thé aux enfants : ce sont des excitants nuisibles à leur jeune et impressionnable organisme. Leur meilleure boisson alimentaire, est un mélange d'eau et de vin, ou la bière légère, principalement quand elle est bien houblonnée.

De toute nécessité, l'heure des repas sera parfaitement réglée. Dans l'intervalle, on pourra permettre une collation dont le moment fixé variera le moins possible.

Rien ne fera dévier de cette ligne de conduite : pendant le jeune âge, comme plus tard, il n'est pas naturel de manger à chaque instant.

Emportés par l'ardeur de leurs jeux, les enfants négligent certaines fonctions et cherchent quelquefois, pour ainsi dire, à les combattre ; on tiendra à ce que tous les jours ils se présentent une ou deux fois à la garde-robe, à peu près à la même heure. Bientôt l'habitude les forcera à venir régulièrement se soumettre à cette loi naturelle.

Dès son enfance, l'homme doit vivre en observant une scrupuleuse propreté, tant pour sa personne que pour ses vêtements. C'est là, dit avec justesse Hufeland, la colonne fondamentale de la santé. Matin et soir, et après les repas, des soins de toilette et de propreté seront donnés à votre enfant. De bonne heure vous lui enseignerez la précaution de se nettoyer les dents ; vous lui ferez prendre un bain toutes les semaines, et l'été presque tous les jours ; vous lui administrerez des lotions froides sur toute la surface du corps.

Enfin, son linge, ses vêtements, seront renouvelés ou changés très-souvent. Ceux-ci seront simples, légers, plus chauds en hiver qu'en été, quoiqu'en disent Franklin et J.-J. Rousseau. Ils laisseront à la poitrine, aux membres, tous les mouvements dont ces parties sont susceptibles. Autrefois, l'on faisait aux jeunes garçons un pantalon qui, montant jusqu'aux aisselles, comprimait le thorax, dont il paralysait l'expansion si indispensable aux fonctions respiratoires. Maintenant ce vêtement ne dépasse plus la taille et vient reposer sur les hanches : je trouve cette disposition bien préférable à la précédente.

Les pieds de votre enfant seront tenus chaudement, à l'aide d'une bonne chaussure, qui ne sera ni trop lourde, ni trop serrée. Le cou, découvert en été, sera soigneusement garanti du froid en hiver, car il est prudent d'éviter pour cette partie du corps, les brusques changements de température. Les capelines répondent encore pour les filles aux précautions que nous venons d'indiquer. Un cache-nez, médiocrement épais, peut être utilement employé pour les deux sexes, à la condition qu'il ne serve qu'au dehors et ne soit point gardé dans l'intérieur de la maison, ce qu'on fait très-souvent.

La tête sera légèrement couverte ; en été elle sera mise à l'abri des rayons solaires. Le chapeau de paille, à bords modérément larges, me semble convenable pour filles et garçons.

Que vous dirai-je, Madame, de la crinoline qui

a envahi jusqu'aux premiers sentiers de la vie? Le pantalon des petites filles élimine bien une partie de ses inconvénients ; mais elle est fréquemment une cause de brûlure, de combustion générale, même chez les femmes, qui sont bien plus capables de se préserver du danger. Après cela, une mère raisonnable ne bannira-t-elle pas du trousseau de sa jeune enfant, ce caprice de la mode qui peut amener de si grands malheurs? Il faut convenir, du reste, que cette cage sied fort mal à l'enfance. Plus la toilette est simple, plus elle flatte la beauté d'un enfant, et fait ressortir, avec sa gentillesse et ses grâces, tout l'éclat d'une riche santé. Les mères devraient imiter cet art du peintre, qui consiste à laisser à l'état d'ébauche les accessoires d'un portrait, afin que la figure seule attire et captive les regards.

L'enfant sera couché à une heure régulière et peu avancée de la journée. Rien n'est nuisible à sa constitution comme de veiller jusqu'à dix ou onze heures. Huit heures en été, sept heures en hiver sont des limites qu'il est sage de respecter. On se gardera bien de lui faire passer une soirée agitée. Les distractions paisibles seront, au contraire, recherchées pour ce moment là. Ainsi, pas de réunions, de petits bals, de jeux bruyants qu'on ne tolèrera que dans le jour ; encore moins d'histoires effrayantes, mais plutôt

une séance de lanterne magique, le récit un peu
imagé de quelque conte, ou fable, etc.

Si l'on ne prend pas cette précaution, la nuit
conservera l'empreinte de tout ce qui s'est passé
peu d'heures auparavant, et, sous l'influence de
cette surexcitation, le sommeil ne sera plus
calme et réparateur. Parfois, un léger mouvement fébrile, des rêvasseries assez accentuées
effraieront les parents sans que, cependant, il n'y
ait rien à craindre pour la santé. Le lendemain,
tout aura disparu.

Choisissez, autant que possible, une chambre à
coucher vaste et bien aérée. Quand une famille
possède plusieurs enfants, il faut nécessairement les disséminer. L'agglomération est pernicieuse. Néanmoins, le contraire a lieu le plus
souvent. Placée entre le désir d'avoir ses enfants
sous les yeux pendant la nuit et la crainte de les
voir tomber malades, par suite de cet empoison-
nement lent que détermine l'action d'un air vicié,
placée, dis-je, entre ces deux sentiments, la mère
bien avisée n'hésitera pas. Elle comprendra combien il est dangereux de s'enfermer pendant six
à huit heures, au nombre de quatre ou cinq,
dans un local où deux personnes trouveraient à
peine les éléments indispensables à la respiration.

Qui l'empêche, d'ailleurs, de faire pratiquer
dans la cloison qui la sépare de la chambre voi-

sine, une ouverture par laquelle, sans sortir de son lit, elle puisse envelopper d'un seul regard toute sa jeune famille ? Plusieurs de mes clientes ont adopté ce système et s'en sont bien trouvées.

Il est bon que les enfants soient habitués à dormir dans l'obscurité, et les veilleuses, si généralement répandues, ne servent qu'à corrompre davantage l'atmosphère d'une chambre à coucher. On n'en usera donc qu'avec modération.

L'inobservation de ces simples précautions a des conséquences plus funestes qu'on ne pense, et jette trop fréquemment le deuil et la douleur dans les familles.

Quand votre enfant commencera l'apprentissage de la marche, rejetez, croyez-moi, ces vieilles machines, chariots roulants, chars en bois, en osier, etc., ainsi que les lisières, les bourrelets. Tous ces moyens ne mènent qu'à un résultat doublement fâcheux : la déformation du corps et la maladresse des enfants. Ils n'ont qu'une seule raison d'être : la paresse des bonnes et la négligence des parents.

Placez votre enfant à terre, sur une peau de mouton, un paillasson, un tapis, et laissez-le s'ébattre naturellement. Il fera une meilleure gymnastique que celle que vous pourriez lui enseigner. Lorsqu'il essaiera quelques pas, que vos bras tendus de chaque côté lui servent de tuteurs et, par instant, de point d'appui. Voilà tout : la nature n'exige pas plus d'artifices.

Parlons maintenant de la promenade. L'enfant, qui peut marcher et courir, ne doit pas rester constamment enfermé dans un appartement. Plus que le nouveau-né encore, il a besoin d'air, et ses sorties seront quotidiennes. Le mouvement qu'il se donnera, autorisera à le mettre dehors, lors même que le temps ne sera pas tout à fait favorable. L'exercice entretiendra chez lui la chaleur que réclame son organisation.

Autant que possible, vous trouverez pour votre enfant une société de son âge ; ses jeux ne lui en seront que plus agréables. L'enfance n'aime pas la solitude ; il lui faut de l'émulation jusque dans ses plaisirs. Si cet entourage manque, le caractère et la santé en souffrent. Ainsi, quand il y a frères et sœurs, les enfants se portent mieux en général, pourvu, toutefois, qu'ils jouissent, relativement, de semblables conditions d'hygiène, qu'ils aient, par exemple, à leur disposition une grande cour, un jardin, de bonnes chambres à coucher, etc. Cependant ne tombons pas dans l'excès contraire. Aussi, rien de pénible à voir comme ces écoles où l'on entasse entre les murs d'une chambre très-exigue quinze, vingt et même trente enfants, tenus plus ou moins proprement, apportant leur quote-part de miasmes, de mauvaises odeurs, etc.

Et l'on s'étonne après cela que les maladies de l'enfance soient si fréquentes et se propagent avec tant de facilité ! On est surpris de l'étiolement général qui frappe la génération actuelle ! Une école avec vastes locaux, cour, jardin, etc., me paraît à peine réunir toutes les conditions voulues. Que dirai-je donc de ces étroites prisons où l'air, *cet aliment de la vie*, manque totalement aux organes respiratoires ?

Malheureusement, l'homme cherche toujours à généraliser ce qui doit être considéré comme une exception. Que les salles d'asile subsistent, très-bien ; elles sont nécessaires pour une certaine classe de la société. Mais que beaucoup de mères, parfois sans raison bien plausible et rien que pour être tranquilles chez elles, aillent confier leurs enfants à des étrangères, je ne l'admets pas. Ce mode d'éducation est en désaccord avec les lois de la nature.

D'un autre côté, nous voyons l'enfant passer sans transition du sein de la nourrice ou du sein de la mère aux bancs de l'école. A six ou sept ans, il est même soumis aux rigueurs disciplinaires et à la règle du pensionnat. Les mères se privent ainsi volontairement des plus douces joies de la maternité, car c'est l'instant où ces petits êtres sont le plus intéressants. Enfin elles provoquent, froidement et de gaîté de cœur, des chances de maladie pour l'objet de leur affection.

D'ailleurs, avant que l'éducation soit ébauchée, pourquoi déjà songer à l'instruction ? Croyez-moi, Madame, ne condamnez point votre enfant à une séquestration préjudiciable à sa santé, sous le prétexte de lui apprendre quelques pages insignifiantes pour lui, et qu'il ne comprendra pas le moins du monde. Ne surchargez pas sa jeune tête de notions dont elle n'aura que faire. Le moment viendra de greffer l'arbuste et de lui demander ensuite des fleurs et des fruits : jusque-là, il ne faut songer qu'à lui donner de bonnes racines, et un tronc solide et vigoureux.

Aussi, en prévision de ce danger qu'offre le développement prématuré des facultés intellectuelles, n'est-ce pas sans une espèce d'appréhension que l'on voit adopter certaine méthode par les familles riches. Des bonnes, parlant différentes langues, sont chargées de surveiller les enfants, afin que, dès leur plus tendre jeunesse et insensiblement, ces derniers se façonnent au polyglottisme si utile et si agréable à l'époque où nous vivons. Toute cette instruction, mal dirigée, ne sera-t-elle pas un puissant motif de fatigue pour le système nerveux ? Le résultat qu'on en espère pourra séduire les parents, mais ces craintes très-fondées feront réfléchir ceux qui seraient disposés à se lancer dans une pareille voie. A mes yeux, les exercices du corps que nécessitent le jeu de balle, le cerceau, la balançoire, la corde, etc., et sous une habile et sage direction, la gymnastique proprement dite, sont réellement les seuls besoins de cet âge et doivent être tout spécialement recommandés.

Deux lignes d'*hygiène morale*. Une mère conservera auprès de son enfant, à mesure qu'il grandira, toute l'autorité dont elle est capable. Elle sera douce, pleine de sollicitude, mais ferme et inébranlable dans sa volonté. « *Il le faut*, ou bien *cela ne se peut pas.* » Telle est la réponse qu'on devra opposer sans faiblesse aux exigences capricieuses des enfants.

Sans parler des avantages immenses qui en résultent sous le rapport moral, que nous sommes heureux de cette prépondérance des parents sur leurs fils et sur leurs filles, quand nous sommes appelés à les soigner dans leurs maladies ! De leur docilité en pareil cas, d'un examen plus facile, de leur obéissance complète, en un mot, dépend parfois la guérison.

Je crois avoir terminé, Madame, ce que j'avais à vous dire sur le sujet qui vous intéresse à si juste titre. Mon désir le plus grand serait d'avoir su prévoir toutes les questions que vous auriez eu à me poser, si j'avais été auprès de vous.

Dans le cas où, par une véritable intuition de future mère, vous découvririez quelque lacune dans ce petit *Manuel de l'allaitement*, ou si tel point de mes lettres laissait des doutes dans votre esprit, veuillez, je vous prie, m'en informer et je m'empresserai de compléter mon enseignement, en vous transmettant tous les éclaircissements qui vous manqueraient.

Daignez accueillir, Madame, les vœux que je fais pour votre heureuse délivrance, et croire à mon entier dévouement.

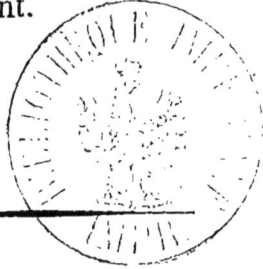

INDEX BIBLIOGRAPHIQUE

BAUDELOCQUE.   *Traité d'Accouchements.* 1833.

BÉCLARD.   *Hygiène de la première Enfance.* 1852.

BELLEVUE.   *Société Havraise.* 1859.

BERGERET.   *Maladies de l'Enfance.* 1855.

BOUCHUT.   *Maladies des Nouveaux-Nés.* 1852.

BOUDEQUOY.   *Thèses de Paris.* 1854.

CAMPAN.   *Traité de l'Éducation.*

CAPURON.   *Traité d'Accouchements.* 1828.

CARON.   *Code des Mères.* 1860. *Gazette des Hôpitaux.* 1859.

CAZEAUX.   *Traité d'Accouchements.* 1850.

CHAILLY-HONORÉ.   *Traité d'Accouchements.* 1853.

DAMOURETTE.   *Thèses de Paris.* 1854.

DÉCLAT.   *Hygiène des Enfants nouveau-nés.* 1859.

DELABARRE.   *Des Accidents de la Dentition.* 1851.

DONNÉ.   *Conseils aux Mères.* 1846.

P. DUBOIS.   *Traité d'Accouchements et Leçons orales.* 1850 à 1854.

FONTERET.   *Hygiène physique et morale de l'Ouvrier.* 1858.

GARDIEN.   *Traité d'Accouchements.* 1824.

GUIET.   *Conseils aux Mères.* 1859.

HUFELAND.   *Éducation physique de l'Enfance.*

JACQUEMIER.   *Traité d'Accouchements.* 1846.

LE BARILLIER.   *Hygiène et Maladies des Enfants.* 1859.

LÉGEB.   *Manuel des jeunes Mères.* 1825.

Michel LÉVY.   *Traité d'Hygiène.* 1850.

MOLINOS-LAFFITE.   *Éducation du Foyer.*

MORDRET. *Mémoires de l'Académie de médecine.* 1857.

NÉLATON. *Traité de Pathologie externe.* 1859.

PAJOT. *Traité d'Accouchements et Leçons orales.* 1850 à 1854.

RICHARD (de Nancy). *Traité de l'Éducation physique des Enfants.* 1861.

RILLIET et BARTHEZ. *Maladies des Enfants.* 1853.

J.-J. ROUSSEAU. *Émile.*

SEUX. *Maladies des Nouveaux-Nés.* 1855.

SOVET. *Lettres à ma Fille sur l'Éducation physique des Enfants.* 1844.

THÉRY. *Conseils aux Mères.* 1859.

VELPEAU. *Traité des Maladies du sein.*

TABLE DES MATIÈRES

Imprimerie de B. HENRY, à Valenciennes.

IMPRIMERIE DE B. HENRY A VALENCIENNES.

www.ingramcontent.com/pod-product-compliance
Lightning Source LLC
Chambersburg PA
CBHW060401200326
41518CB00009B/1219